베트남, 잊혀진 전쟁의 상흔

베트남, 잊혀진 전쟁의 상흔

이용준 지음

베트남전쟁에서 산화한 국군 병사들과

한국군에 의해 억울한 죽음을 당했을지도 모르는

베트남 사람들에게 이 글을 바친다.

추천사

이용준 대사의 『베트남, 잊혀진 전쟁의 상흔을 찾아서』의 개정판 발행을 진심으로 축하한다. 이 책이 세상에 나온 지 10년이 지났지만, 지금도 베트남을 이해하기 위한 첫 관문으로 서로가 추천해주는 필독서이다.

이 책이 처음 세상에 나왔을 때만 해도 양국이 외교 관계를 맺은 지 10년에 불과했지만, 현재는 전략적 협력 동반자 관계로서 모든 분야에서 비약적인 관계로 발전했다. 수교 이래로 양국 간 교역 규모는 40배 이상 성장했으며, 양측에 거주하는 교민의 수는 20만 명에 이른다. 베트남 내 한국에 대한 인식도 많이 바뀌었다. 2010년 동남아연구소에 따르면, 한국인에 대한 호감도는 63%, 한국 대중문화에 대한 선호도는

63%이다. 인접국 중 우호국가 순위로 한국을 2위로 손꼽고 있다. 특히 베트남은 한류의 시작이라고 할 수도 있다. 현재는 해외 방송프로그램 중 70% 이상을 한국 드라마가 차지하는 등 베트남 사람들의 한국 사랑은 각별하다. 2013년 9월 박근혜 대통령이 국빈으로 방문했을 때, 양국 정상은 이렇게 친밀한 관계를 "사돈의 나라"라며 함축적으로 얘기했다.

개발협력 부문에도 양국의 특수 관계가 잘 반영되고 있다. 베트남은 한국의 제1 정부개발원조(ODA) 협력대상국이며, 한국은 베트남에 제2의 원조공여국이다. 한국국제협력단(KOICA)이 20년 동안 지원한 부문은 초등교육에서부터 사법개혁에까지 이르고 있어 그 범위도 광범위하다. 지금까지 KOICA의 연수 과정을 통해 베트남을 방문한 공무원은 3,000명을 훌쩍 넘는다. 한국에 다녀온 베트남 사람들도 양국 관계의 가교역할을 할 뿐만 아니라 우리의 개발경험을 벤치마킹하여 베트남의 사회경제 발전을 이끄는 주역이 되고 있다.

또한 1994년 처음으로 봉사단원과 전문가를 파견한 이래 2013년에는 파견 인원이 500명을 돌파했다. 지금까지 KOICA는 베트남의 국가발전을 묵묵히 함께해왔으며, 현안을 함께 고민하고 해결 방안을 모색하기 위해 노력해왔다.

그리고 KOICA는 지난 20년 동안 베트남 중부지역에 대한 지원을 지속해왔다. 그 이유는 바로 이 책 속에 잘 설명되어 있다. 양국은 수교 이후, 베트남전쟁과 관련된 과거사에 대해 '과거사는 묻어두고 미래지향적 관계 발전을 위해 협력'하기로 합의한 바 있다. 하지만 이러한 국가적 합의와 별개로 우리는 민관이 협력하여 베트남전쟁의 피해지역에 인도적 지원사업을 지속적으로 전개해왔다. 이러한 협력 관계를 잘 보여주는 사업이 바로 이 책에 언급되는 '중부지역 초등학교 건립사업'이다. 과거 한국군이 주둔하고 활동했던 지역을 대상으로 양민 피해가 가장 심했던 지역에 초등학교 40개를 지원했다.

물론 아쉬운 점도 많다. 당시 사업예산은 200만 달러에 지나지 않았다. 눈에 보이는 가치는 우리나라의 고급 아파트 한 채에 불과할지도 모르지만, 이 사업이 양국 관계에 주는 의미는 수십 배의 가치가 있다. KOICA는 이후 중부지역에 대한 지원을 확대해왔으며, 양국의 민관 교류의 기반이 되어가고 있다. 이제는 중부지역에 가면, KOICA가 설립한 중앙종합병원, 성급 종합병원, IT 전문대학 들이 즐비하다. 그리고 아직도 20여 명의 봉사단원과 전문가가 맡은 바 최선을 다하고 있다. 중부지역의 초등학교가 하나의 기폭제가 되어 미래지향적인 양국 관계를 조성하는 데 든든한 끈이 되어가고 있다고 자부한다. 지금껏 1만 5,000명의 학생이 이 학교를 졸업했으며, 2012년부터는 한국의 초등학교와 자매결연하여 같이 추억을 공유하고 있다. 향후 이들이 성년이 되어 다시 만난다면 양국 관계의 우정의 결실로서 가교 역할을 수행하는 날이 곧 오리라 믿는다.

이 책은 10여 년 전에 베트남 중부지역에 대한 우리 정부와 민간의 협력 활동을 세상에 처음으로 알려주었다. 수많은 개발협력 사업 중 하나로 잊힐 수 있던 사업이 이 책을 통해 10년이 지난 지금도 베트남에 대한 이해를 돕고 우리의 마음을 초심으로 돌아가게끔 만든다. 다시 한 번 이용준 대사가 베트남과 KOICA에 보여주신 애정에 감사의 마음을 전한다.

2014년 8월

한국국제협력단 이사장

김영목

개정판을 내며

이 책은 본래 2003년 『베트남, 잊혀진 전쟁의 상흔을 찾아서』라는 제목으로 출간되었다가 2005년 절판되었다. 그러나 그동안 여러 이유로 이 책을 구하려는 사람들이 많았고 베트남 등 일부 국가에서는 비공식 복제판이 유통되는 상황이었다. 이에 따라 초판의 차례와 내용을 조금 수정해 10여 년 만에 개정판을 내게 되었다. 출판사가 바뀐 관계로 편의상 책 제목도 조금 수정했다.

이것은 필자가 베트남에서 근무하던 약 20년 전의 이야기다. 당시 베트남은 지금과는 매우 다른 모습이었다. 도처에서 한국인을 향한 적대감이 잔존했고, 경제 교류도 제한적이었으며, 베트남 관광은 아예 꿈도 꾸지 못하던 시절이었다. 베트남에 대한 한국의 관심도 다른 동남아 국가에 비해 저조해, 당시 하노이에 거주하던 한국인은 성인에서 어린이까지 모두 합쳐도 500명에 불과했다.

　하지만 그 후에 양국 관계는 불행한 과거사를 딛고 비약적인 발전을 거듭했다. 2018년에 이르러 베트남은 한국의 3위 수출국이자 7위 수입국으로 부상했다. 동시에 베트남 입장에서 한국은 4위 수출국이자 2위 수입국이 되었다. 베트남 곳곳에 한류가 넘실대고 한국 기업과 관광객이 숱하게 오갈 정도로 이 나라는 이미 우리 곁에 가까이 다가와 있다. 이 책의 초고를 쓸 때를 생각하면 엄청난 격세지감을 느끼면서도, 이 책이 한국·베트남 우호 증진에 작은 보탬이 되었을지 모른다는 생각에 마음 한구석에 뿌듯한 보람을 느낀다.

2019년 2월
이용준

초판 서문

자유 통일 위해서 조국을 지키시다
조국의 이름으로 님들은 뽑혔으니
그 이름 맹호부대, 맹호부대 용사들아
가시는 곳 월남 땅 하늘은 멀더라도
한결같은 겨레 마음 님의 뒤를 따르리라
한결같은 겨레 마음 님의 뒤를 따르리라

1965년 당시 한국군의 베트남전쟁 참전을 기리던 노래의 가사이다. 초등학교 3학년 시절 담임선생님이 우리에게 가르쳐주셨고 거리의 스피커와 라디오에서 거의 온종일 들려오던 노래였다. 40년의 세월이 흘렀건만 노래 가사가 한 글자 한 글자 생생하다.

그 당시에는 TV도 거의 없던 시절이라 영화관에나 가야 영상 뉴스를 볼 수 있었는데, 그 우렁찬 노래를 배경으로 해군 수송선에 빽빽이 들어서서 작별의 손을 흔들던 참전용사들의 모습은 정말 장관이었다. 안보상의 위험과 정치적 혼란에 찌들어 가난하고 장래가 불투명한 일개 후진국이었던 이 나라에서 자유민주주의 수호의 기치를 내건 베트남전 파병은 가히 한국판 십자군 원정과도 같은 대사건이었다.

한국의 베트남전 참전이 과연 합당했는가에 관해서는 지금껏 많은 찬반 논쟁이 있어왔지만, 그와 관계없이 베트남 파병은 우리 민족이 국가 차원에서 역사상 최초로 해외에 진출한 획기적 사건이었음에 틀림없다. 한국군 참전을 계기로 한국 기업들 또한 사상 최초로 베트남 진출을 시작했고, 그것이 중동 건설사업 진출로 이어지면서 이 나라 경제 발전의 초석을 형성했던 것이다.

따라서 세계 10대 무역국으로 성장한 오늘의 한국에서 살고 있는 우리는 그 시대 한국군의 베트남전쟁 참전을 찬성하건 반대하건 무관심하건 간에 베트남전쟁 참전이라는 역사적 사건이 이 나라에 미친 영향으로부터 누구도 자유로울 수 없다.

베트남은 필자가 외교관으로 재직하는 동안 꼭 한 번 근무해보고 싶은 곳이었다. 한국 현대사에서 굵은 획을 그은 그곳에서 우리 바로 앞 세대가 베트남전 기간 중에 겪은 영욕의 흔적을 더듬어보고 싶어서였다. 그것은 외교관이라는 직업상의 관심이라기보다는, 이 시대를 사는 한국인의 일원으로서 우리 시대의 역사에 대해 갖는 다분히 개인적인 관심이었다.

필자가 하노이의 주(駐)베트남 대사관에 참사관으로 부임한 것은 20세기가 막 저물어가던 1999년 8월 말이었다. 외교부에 입부한 이래 20여 년간 대부분의 기간을 대미 관계나 북한문제와 같은 낯익고 육중한 현안들에 묻혀 살아왔기에, 베트남에서 겪은 색다른 경험은 필자에게 하나의 새로운 감동이었다.

필자가 엉뚱하게도 베트남으로 발령 나자, 당시 친분이 있던 미국 외교관들은 미국 전문가가 왜 하필 미국의 적국이었던 베트남을 선택한 것인지 이유를 물었다. 그런 질문을 받을 때마다 필자는 농담 반 진담 반 같은 대답을 했다.

"초강대국인 미국과 싸워 이기는 비결을 배우고자 한다."

그것은 북한 핵문제나 주한미군지위협정(SOFA) 문제, 용산기지 문제 등 아직도 계속되고 있는 오랜 쟁점 현안들을 놓고 한·미 양국 외교 실무선 간에 끊임없이 지속되는 설전에서 번번이 좌절감을 느껴야 했던 약소국 외교관의 푸념이기도 했다.

그렇게 찾아간 베트남에서의 2년 반의 세월은 적막하고 때로는 지루하기도 했지만, 베트남전 참전이라는 우리 현대사의 한 장면을 조용히 음미해볼 귀중한 기회가 되었다. 하노이에서 근무를 시작한 지 한 달도 되지 않았을 때 필자는 당시 국내외 언론의 집중 보도로 말미암아 뜨거운 감자로 떠오르고 있던 한국군의 '베트남 양민학살 의혹'을 통해 한국과 베트남 사이에 얽힌 과거사와 첫 대면을 하게 되었다.

그 소동은 과거사 재조명에 관해 베트남 정부가 완강하게 거부 반응을 보임으로써 이내 가라앉았다. 그러나 과거사 문제에 관한 양국 정부의 입장 표명과는 별개로, 베트남전쟁 동안 대체 어떤 일들이 일어났기에 베트남인들의 가슴에 그토록 큰 상처가 남아 있는지 필자는 궁금증을 떨쳐버릴 수가 없었다.

그래서 그 후 베트남에서 2년 남짓 근무하는 동안 필자는 기회가 닿는 대로 베트남전과 관련된 과거사의 실체적 진실에 접근해보고자 노력했고, 그 결과 비교적 많은 진실에 가까이 다가갈 수 있었다.

필자가 공산국가 베트남이라는 통제된 사회에서 이와 같은 목표를 이룰 수 있었던 것은 무엇보다도 우연이라고밖에는 표현할 수 없는 행운을 만나 필요한 정보와 사람들을 접할 수 있었기 때문이다. 그러나 그보다 더 중요한 것은 과거사 문제에 관한 베트남 정부와 국민들의 허심탄회하고 초연한 자세 덕분이었다. 한국과 한국민에 대한 그들의 호의적 감정도 큰 몫을 했다.

그러나 그러한 실체적 진실에 한 걸음씩 접근해갈수록 필자는 지나간 과거의 잘잘못을 따져 밝혀낸다는 것이 얼마나 무의미한 일인지 점차 절실히 깨닫게 되었다. 그것은 양국 관계를 위해서는 물론이고 과거사의 아픈 상처가 막 아물어 가는 베트남인들을 위해서도 아무런 도움이 되지 않는다는 생각이 들었다.

우리와 친구가 되기를 원하는 베트남인들에게 과거 우리가 이렇게 나쁜 사람들이었다는 증거를 들이대는 것이 무슨 도움이 될 것인가, 또한 그것이 진실이 아니라고 밝혀진들, 과거사를 진실이라 믿고 있는 현지 주민들이 이를 수긍하고 오해를 풀게 될 것인가. 그들인들 과거사를 몰라서 우리에게 과거를 잊고 친구가 되자고 하겠는가.

이러한 깨달음에 이르게 되자 이미 오래전부터 우리를 향해 '과거를 덮고 미래를 위해 협력하자'는 뜻을 거듭 밝혀온 베트남인들의 지혜와 선견지명에 절로 고개가 숙여졌다. 그들의 그러한 태도는 한·일 과거사의 획일화된 갈등 공식에 오랫동안 익숙해져 있던 필자에게는 하나의 신선한 충격이었다.

그러나 그렇다고 해서 그들이 품고 있는 과거사의 상처를 그대로 방치할 수는 없는 일이었다. 양국 정부가 과거사 문제에 관해 어떤 미래지향적인 생각을 갖고 있다 할지라도 그것이 베트남인들의 가슴속에 실재하는 과거까지 지워버릴 수는 없었다. 과거사의 진위나 잘잘못을 가리기에 앞서 과거사로 인해 베트남 국민들 마음속에 잠재하고 있는 매듭이 있다면 너무 늦기 전에 이를 어떻게든 풀어나가야 한다고 생각했다.

그 이후 베트남에서 1년 남짓 남은 근무 기간 동안, 필자는 아직도 과거사의 피맺힌 기억을 지우지 못한 수많은 전쟁 피해자가 살고 있는 베트남 중부의 산골 마을 수십 군데를 다섯 차례에 걸쳐 구석구석 직접 방문했다. 마치 영화 <아라비아의 로렌스>의 주인공이라도 된 듯한 야릇한 흥분을 느끼면서.

그곳들은 베트남전쟁 종전 이래 한국인이 감히 방문할 엄두를 내지 못한 미지의 지역이자 금단(禁斷)의 땅이었다. 따라서 그곳을 찾는다는 것은 큰 위험이 따르는 모험이기도 했다. 그러나 바로 그런 이유 때문에 그 일은 더욱 의미가 있었고, 뿌리치기 어려운 강렬한 유혹일 수밖에 없었다.

필자가 그 마을들을 방문한 것은 과거사에 대한 참회의 뜻을 전하기 위해서도 아니었고, 과거사에 대한 그들의 오해를 불식시키기 위해서도 아니었다. 필자가 그곳에서 하고자 한 일은 단 한 가지였다. 그것은 바로 '한국민은 베트남인들의 친구'라는 사실을 알리는 일이었다.

우리가 그들의 친구임을 알리는 가장 효과적인 방법은 무엇보다도 직접 찾아가서 그들이 우리에게 말하고 싶어 하는 한 맺힌 사연에 귀를 기울여주고, 그들이 화해의 뜻으로 건

네는 술잔을 기꺼이 받아 마시고, 그들이 처한 어려움에 진심으로 관심을 가져주고, 또한 우리의 능력이 미치는 범위 내에서 그들의 곤궁함을 덜어줄 수 있는 실질적인 도움을 베푸는 것이었다.

필자의 공식적인 방문 목적은 한국 정부가 무상원조 차원에서 그 지역에 지어주기로 한 초등학교 40채를 짓는 것이었다. 따라서 이 책에 나오는 대부분의 기록도 그에 관한 것이다. 그러나 그것은 부수적이고 표면적인 목적에 지나지 않았다. 우리는 한순간도 그러한 경제적 지원이 과거사의 멍에를 벗겨줄 수 있으리라고는 기대하지 않았다.

우리는 물질적 지원을 통해 그들의 환심을 사기보다는 이를 계기로 그들을 직접 만나 그들의 말을 듣고 우정의 뜻을 전달하는 일에 가장 중점을 두었다. 이 같은 우리의 의도는 방문한 지역 대부분에서 상당한 성과를 가져왔지만, 그렇지 못했던 곳도 결코 적지 않았다. 미진했던 부분은 앞으로 우리 정부와 국민이 시간을 두고 지속적으로 해결해나가야 할 숙제라고 생각한다.

이 과정에서 필자가 겪은 일들을 여기에 기록으로 남기고자 하는 이유는 무엇보다도 많은 한국인이 피상적으로 잘못 인식하고 있는 베트남인들의 한국에 대한 감정을 가능한 한 정확히 전달하기 위해서이다. 그리고 또한 과거를 잊고 한국민과 진정한 친구가 되기를 갈망하는 그들의 희망을 한국 사회에 좀 더 널리 알리기 위해서이기도 하다.

이 책에서 필자는 개인적 평가나 가치판단을 최대한 배제하고 필자가 베트남에서 보고 듣고 터득한 객관적인 사실만을 충실히 기술하고자 노력했다. 그 이유는 앞에서도 말했듯이 현시점에서 번복될 수 없는 과거사에 대해 섣부른 평가를 내리는 것이 결코 아무에게도 도움이 되지 않을뿐더러 무의미하다고 생각하기 때문이다.

사실 필자로서는 공직자가 공무 수행과 관련된 일을 글로 남기는 것이 예기치 못한 문제를 불러올 수도 있다는 생각에 오랫동안 망설이지 않을 수 없었다. 하지만 양국 정부나 국민, 그리고 전쟁 피해 당사자 중 누구에게도 누를 끼칠 일이 없고, 한국과 베트남의 관계 발전에도 적지 않은 도움이 되리라는 확신을 가지고 이 책을 출간하기로 결심했다.

같은 이유에서 특별한 사유가 없는 한 이 책에 등장하는 모든 인물은 실명으로 기술하고자 한다. 미리 일일이 양해를 구하지는 못했지만, 실명으로 수록된 한국과 베트남 측 인사들도 필자의 취지를 십분 이해하고 출간에 적극 동의할 것으로 믿어 의심치 않는다. 당시 필자가 대사관에서 근무하는 신분이었기 때문에 베트남인들이 필자에게 자신들의 속내를 다 털어놓을 수는 없었을지도 모르겠다. 하지만 그들과 맺었던 인간관계를 감안할 때 필자로서는 그들이 최대한의 진실을 말했다고 확신한다.

이 책의 출간에 즈음하여 필자에게는 한두 가지 소박한 바람이 있다. 베트남전에 참전한 한국군 참전 용사들이 이 책을 통해 힘을 얻어 자신의 젊음을 바쳐 수호하고자 했던 옛 전적지들을 자유롭게 방문하고, 서로의 가슴에 총구를 겨누고 싸웠던 베트남 재향군인들과 화해의 악수를 하는 계기가 되었으면 하는 점이다. 또한 사업이나 관광 목적으로 베트남을 방문하는 한국인들이 우리가 그곳에 남긴 상처에 관해 한 번쯤 생각해볼 기회를 갖고, 가능하다면 극심한 가난에 허덕이는 베트남 중부지방 사람들을 위해 무엇인가 작지만 의미 있는 도움을 줄 수 있기를 바란다.

그보다 더 큰 바람이 하나 있다. 부디 이 글로 인해 한국과 베트남 양국의 과거사 문제에 관한 해묵은 논쟁이 재연되는 일이 없기를 간절히 희망한다. 어떤 이유에서건 현재의 우리가 과거사의 망령에서 벗어나지 못하고 이미 유명을 달리 한 영혼들을 욕되게 한다면 그들은 저세상에서도 편히 잠들 수 없을 것이다.

마지막으로, 이 책의 내용 중 베트남 역사와 관련된 부분들을 세심하게 감수해주신 서울대 동양사학과 유인선 교수님과, 이 책이 세상의 빛을 볼 수 있도록 발간을 독려해주신

외교통상부 최영진 외교안보연구원 원장님께 깊은 감사의
마음을 전한다.

2003년 7월
서울에서 이용준

차례

1. 굴복하지 않는 나라

●

놀라운 점은, 끊임없이 계속되는 외세의 침략에도

베트남은 한 번도 강대국에게 평화를 구걸한 일이 없었다는 것이다.

그들은 2,000년의 역사를 통틀어

자신을 지키기 위한 전쟁을 한 번도 회피하거나 주저한 적이 없었다.

전쟁을 피하기 위해 섣부른 타협을 하지도 않았고,

강대한 적국에 대항하기 위해 다른 어느 나라의 힘을 빌리려 하지도 않았다.

과거가 숨 쉬는 도시 하노이

주베트남 대사관 참사관으로 발령받고 나서 나는 1999년 8월 말 호찌민(구 사이공)행 비행기에 몸을 실었다. 당시 서울과 하노이 사이에는 직항편이 없었을뿐더러 호찌민을 먼저 보고 하노이에 가야 베트남과 하노이를 좀 더 잘 이해할 수 있다는 친구의 조언이 있었기 때문이다.

<디어 헌터>, <지옥의 묵시록>, <플래툰>같이 베트남 전쟁을 다룬 영화들을 떠올리면서 심각하고 묵시록적인 분위기를 상상하고 호찌민에 도착했으나, 호찌민의 분위기는 언제 전쟁이 있었냐는 듯 서울과 다를 바 없는 활력과 소란 그 자체였다. 거리에는 그들이 그토록 처절하게 피 흘려 싸

하노이 시내 전경
주요 간선도로이지만 오토바이와 자전거가 거리의 주인이다.

웠던 미국의 상징인 햄버거 가게들이 즐비했다.

　호찌민에서 3박 4일 동안 체류하며 둘러본 곳 중에서 전쟁 당시 베트콩이 건설한 비밀 이동통로인 '구찌터널'과 남베트남 정부의 대통령궁 외에는 전쟁의 상흔을 말해주는 단서라고는 찾을 수 없었다. 호찌민 외곽지역 역시 관광객 유치를 위해 일부러 밀림을 보존해놓은 듯 보이는 메콩강 델타 지역 외에는 사방이 모두 집과 공장과 논밭으로 들어차서, 그 옛날 병사들이 대체 어느 밀림에서 전투를 치렀는지 의아스러울 정도였다.

하노이도 호찌민과 비슷하려니 생각했는데, 하노이에 도착하자마자 확연한 차이가 도처에서 피부로 느껴졌다. 통일 베트남의 수도 하노이는 공산국가의 수도답게 고요하고 엄숙했으며, 심연의 바닥으로 가라앉은 듯한 분위기였다. 도시 전역에 햄버거 가게는 하나도 없었고, 백화점은 물론 제대로 된 슈퍼마켓도 찾아볼 수 없었다. 화장실 휴지 외의 모든 생필품 2년치를 서울서 싸들고 오라던 대사관 동료들의 권고가 새삼스러웠다.

경제 개방의 활력이 넘실대는 복잡한 호찌민과는 달리 하노이는 세상사를 모두 잊은 듯 적막에 잠겨 있었다. 호찌민 사람들의 표정이 밝고 활달했던 반면에 하노이 사람들은 하나같이 엄숙하고 무뚝뚝했다. 거리 풍경도 전혀 달랐다. 자동차와 오토바이의 증가로 교통 체증이 대단한 호찌민과는 대조적으로, 하노이 거리엔 아직 자전거가 주류를 이루며 점증하는 오토바이의 행렬이 이를 점차 대체해나가고 있었다.

같은 나라의 두 도시와 그 주민이 어쩌면 이리도 다를 수 있을까 하는 느낌이 들었다. 두 도시의 분위기만 보더라도 하노이와 호찌민 간에 벌어졌던 베트남전쟁에서 어느 쪽이 승리했을지 자명해보였다. 하노이에 가기 전에 호찌민을 먼저 보고 가라던 조언의 의미를 비로소 이해할 수 있었다.

하노이에서의 2년 반에 걸친 생활은 그렇게 시작되었다.

하노이 동북방 해안에 있는 유명 관광지인 '하롱베이' 외에
는 갈 곳도 볼 것도 없었고 사람들이 무뚝뚝해 친숙해지기도
쉽지 않았다. 어디를 가건 누구를 만나건 영어도 프랑스어도
안 통했고, 외국인에 대한 주민의 반응은 지극히 냉랭했다.
날씨도 열대해양성 기후와 대륙성 기후의 나쁜 부분만 모아
놓은 듯이 고약했다. 그나마 좀 시원한 겨울철에는 거의 하
루도 거르지 않고 비가 부슬부슬 내려 옷마다 곰팡이가 폈다.

그러나 그것이 하노이의 전부는 아니었다. 하노이는 그 나
름의 숨은 매력이 있었다. 그것은 바로 하노이 시내 곳곳에
깃들어 있는 치열한 역사의 숨결이었다.

나에게 하노이에서의 생활은 오랜 과거와의 만남이었다.
마치 타임머신을 타고 30년 전 시절로 돌아간 느낌이었다.
1990년대 말의 하노이는 여러 면에서 1970년대 초의 서울과
매우 흡사했다. 경제 사정, 거리 풍경, 사람들의 풍속도, 그리
고 사람들의 성격과 기호까지 모든 면에서 한국이 경제 도약
을 이루기 이전의 어려웠던 시절과 놀라울 만큼 유사했다.

그래서 그곳에 근무하는 동안 나는 어린 시절의 추억을 돌
이켜 보며 과거에 묻힌 삶을 살았다. 바깥세상에서 21세기 새
밀레니엄이 시작되는 것을 그저 다른 혹성의 일처럼 무관심
하게 지켜보면서 과거의 기억 속에서 살았다. 한 번 통화할
때마다 수없이 끊어지는 국제전화와 천문학적 가격의 인터

하노이 동북부 해안의 하롱베이에서 맞은 21세기 최초의 일출
과거 속에 살고 있던 우리에게 새 밀레니엄은
머나먼 다른 세계에서 벌어지는 소동일 뿐이었다.

넷 요금 등 하노이의 열악한 통신 사정으로 인해 외부 세계
와 단절된 삶을 살아야 했기에 더욱 그랬다.

그처럼 과거에 묻힌 삶을 살았기에 한국과 베트남 사이의
'과거사'라는 미지의 세계와 접촉하는 것이 더욱 용이하고
자연스러웠는지도 모른다. 실로 우연이라고밖에는 말할 수
없는 여러 계기를 통해 그것은 숙명과도 같이 내게 다가왔다.

홀로 싸워서 지켜온 독립

베트남 사람들은 자기 나라 이름을 '비엣남(Viet Nam)'으로 발음한다. 이는 한자의 월남(越南)을 베트남어식으로 발음한 것이다. 과거에는 중국의 영향으로 한자를 사용했으나, 약 100년 전 프랑스 선교사가 알파벳 표기를 도입한 이래 한자는 전혀 사용되지 않고 있다. 베트남 사람들의 이름도 모두 한자에서 파생된 것이나, 지금은 학자들 외에는 누구도 한자를 해독하지 못하고, 자기 이름이 한자에서 파생했다는 사실조차 모르는 이가 대부분이다.

베트남 주민은 비엣족[越族]이 전 인구의 87퍼센트를 점하고 있으나, 베트남의 북부·중부·남부지방은 각기 문화적·인종적 구성이 다르다. 북부 왕조에 의해 현재와 같은 형태로 통일이 이루어진 것은 불과 200여 년 전인 18세기 후반이었다.

베트남전쟁 당시 남북 베트남의 경계선이던 북위 17도선 부근까지의 북부지방은 베트남 민족의 주류인 비엣족의 거주지로서, 기원전 111년부터 1,000년 이상 중국의 지배를 받다가 939년 무력 항쟁을 통해 독립을 쟁취했다. 중부지방은 힌두교를 믿는 인도계의 참파왕국이 2세기경부터 1,000년 이상 번성했다가 15~17세기에 걸쳐 북부 왕조의 남진정책으로 정복되었다. 메콩강 델타를 중심으로 하는 남부지방은 당시 강성했던 크메르왕국의 영토로서 남방계의 크메르족이 살고 있었으나, 18세기 말 북부 왕조에 의해 정복되었다.

이렇게 형성된 현재의 베트남 영토는 북위 8도 30분과 23도 22분 사이에 걸쳐 남북으로 길게 뻗어 있고 그 길이가 1,650킬로미터에 달한다. 국토 면적은 한반도의 약 1.5배이고 국토의 73퍼센트가 산지이다. 인구는 약 8,000만 명이고 54개 종족으로 구성되어 있다.

북부 하노이를 중심으로 1만 6,000제곱킬로미터에 달하는 홍강 델타 지역과 남부 호찌민을 중심으로 2만 6,000제곱킬로미터에 달하는 메콩강 델타 지역은 땅이 비옥하여 인구가 밀집되어 있고, 그 사이를 좁은 허리 부분이 연결하고 있다. 이 허리 부분이 바로 베트남전쟁 기간 중 한국군이 주둔하던 지역이다. 허리 부분에는 높은 산맥이 뻗어 있고 해안가의 좁다란 평야마저도 상당 부분이 사막 지형이다.

베트남 지도를 바라볼 때마다 어떻게 저 가느다란 허리를 지탱하면서 국토의 일체성을 지켜왔나 하는 생각이 절로 든다. 그러나 식민 지배와 독립전쟁으로 점철된 베트남의 역사를 보면 그것이 결코 우연이 아니라는 것을 쉽게 깨달을 수 있다.

베트남이라는 나라를 생각할 때 가장 먼저 머리에 떠오르는 것은 역사상 수많은 강대국과 싸워서 이긴 나라라는 점이

다. 상대는 중국, 몽골, 프랑스, 미국 등 베트남과 비교가 안
되는 쟁쟁한 강대국이었다. 특히 중국은 베트남의 풍부한 농
산물과 진기한 특산품을 탐하여 이곳을 합병하려는 시도를
그치지 않았다.

놀라운 점은, 끊임없이 계속되는 외세의 침략에도 베트남
은 한 번도 강대국에게 평화를 구걸한 일이 없었다는 것이다.
그들은 2,000년의 역사를 통틀어 자신을 지키기 위한 전쟁을
한 번도 회피하거나 주저한 적이 없었다. 전쟁을 피하기 위
해 섣부른 타협을 하지도 않았고, 강대한 적국에 대항하기
위해 다른 어느 나라의 힘을 빌리려 하지도 않았다.

그들은 그저 단순히 모든 것을 걸고 외부의 도전에 응전했
다. 그들은 항상 적과 정면대결의 길을 선택했고, 다른 어느
나라의 도움도 없이 항상 홀로 싸웠다. 그들이 미국과 치른
전쟁도 예외는 아니었다.

그렇다고 해서 베트남이 호전적인 국가는 결코 아니었다.
베트남은 단 한 번도 이들을 먼저 침략한 적이 없었고 이들
과 패권을 다투기 위해 전쟁을 벌인 적도 없었다. 베트남이
이들과 싸울 수밖에 없던 이유는 오직 한 가지, 자신의 독립
을 지키고 상실된 주권을 회복하기 위해서였다.

그들은 모든 것을 걸고 집요하게 싸워서 마침내 목표를 성
취했다. 그러나 그 부산물로 남은 막대한 인명 피해와 가난

은 베트남인에게 아직도 극복되지 않는 역사의 멍에로 남게 되었다.

 민족해방전쟁과 이념전쟁 사이에서

베트남을 올바로 이해하려면 무엇보다도 그들의 역사를 이해해야만 한다. 미국과의 전쟁을 포함해 베트남의 모든 근현대사는 그들 민족이 지난 2,000년 동안 겪어온 처절한 역사의 연장선상에 있다. 그러한 역사에 대한 올바른 인식에 기초하지 않는 한 그들에 대한 평가는 찬양도 비판도 무의미할 수밖에 없다.

그래서 본론으로 들어가기에 앞서 잠시 베트남의 역사를 간략히 기술하고자 한다. 외세의 베트남 침략사를 모두 열거하자면 너무 장황하여 보다 상세한 역사는 이 책 말미에 부록으로 첨부했다. 관심 있는 독자는 시간을 내어 이를 먼저 읽어볼 것을 권한다.

베트남의 역사는 한마디로 외세의 침략과 그에 대한 항전의 역사이다. 그런 면에서 우리의 역사와 유사성이 많으나, 도전과 응전의 강도는 우리보다 훨씬 강했다. 그들이 겪어온 고난이 베트남의 중요한 지정학적 위치 때문이건 비옥한

국토 때문이건 간에, 그들의 험난한 역사를 생각할 때마다 우리 조상들이 이 험준하고 척박한 한반도 땅에 나라를 세운 데 대해 감사할 따름이다.

베트남 지역에 기원전 207년 남비엣[南越]이라는 국가가 세워졌으나, 기원전 111년 중국 한나라에 정복되어 1,000년 이상 중국의 통치를 받았다. 베트남이 오랜 독립 투쟁 끝에 중국에서 벗어난 것은 939년에 이르러서였다. 참고로, 일반적으로 알려진 바와는 달리 소설 『삼국지』에서 제갈량이 칠종칠금(七縱七擒)했던 맹획(孟獲)의 나라 남만(南蠻)은 베트남과는 무관한 중국 남부 윈난성(雲南省)에 위치한 국가였다.

베트남이 독립을 성취한 이후에도 주변 강대국의 침략은 계속되었다. 대규모 침략만 하더라도 중국의 송·명·청 왕조가 각 1회, 쿠빌라이 칸 시대의 몽골이 3회, 캄보디아의 앙코르제국이 3회에 이른다. 베트남은 이러한 침략을 막아내며 어렵사리 독립을 지켜나갔다. 그러나 19세기 후반에 이르러 베트남은 1858년부터 25년간 프랑스의 침공을 받았으며, 마침내 1883년부터 베트남 전역이 프랑스의 식민 통치를 받게 되었다.

제2차 세계대전 말기인 1945년 3월에는 일본군이 프랑스군을 축출하고 베트남 전역을 점령했다. 일본의 점령 기간은 5개월에 불과했지만, 그 기간 중 베트남에서는 일본군의 식량 수탈과 흉작, 태풍으로 대기근이 발생해 무려 200만의 주민이 굶어 죽는 참사가 발생했다.

일본이 패망한 후 베트남인들은 독립의 꿈에 부풀었고, 호찌민(胡志明)이 이끄는 인도차이나공산당은 하노이에서 '8월혁명'을 일으켜 '베트남민주공화국'을 선포했다. 그러나 프랑스는 일본에 빼앗겼던 베트남 식민지를 회복하고자 남부 베트남을 무력 점령한 데 이어 1946년 11월 7만 5,000명의 병력을 동원해 북부 베트남에 대한 공격을 개시했다. 이에 따라 북베트남과 프랑스 간에 8년에 걸친 전쟁이 시작되었으니, 이것이 '제1차 인도차이나전쟁'이다.

호찌민군은 많은 인명 피해에도 우세한 화력의 프랑스군에 대한 집요한 공격을 멈추지 않았고, 프랑스군은 1954년 5월 마침내 베트남 북부의 최후 거점인 디엔비엔푸(Dien Bien Phu) 요새에서 항복했다. 그 직후 프랑스와 호찌민군 간에 휴전 협상이 개시되어 1954년 7월 북위 17도선을 경계로 남북 베트남이 분할되는 제네바협정이 조인되었다. 이로써 8년에 걸친 '제1차 인도차이나전쟁'은 북베트남 호찌민군의 승리로 종료되었으나 양측의 인명 피해는 극심했다. 프랑스군과 프랑스연방군 17만 2,000명이 사망했고, 호찌민군의 전사자는 이의 약 세 배에 달했다.

한편 제네바협정에 따르면 1956년 7월 베트남 전역에서 총선을 실시하여 통일 국가를 수립하기로 되어 있었다. 그러나 남베트남 정부는 공산 측의 승리 가능성이 높아지자 총선 실시를 거부했고 미국이 이를 지지했다. 이에 따라 북베트남과 미국 간의 숙명적인 한판 승부가 점차 불가피한 현실로 다가오고 있었으니, 이것이 베트남 사람들이 '대미전쟁'이라 부르는 '제2차 인도차이나전쟁'이다.

북베트남의 시각에서 볼 때 미국은 프랑스, 일본, 다시 프랑스, 미국으로 이어지는 새로운 식민 세력에 불과했다. 따라서 미국에 대한 그들의 무력 투쟁은 베트남의 오랜 대외 항쟁사에 비추어 볼 때 지극히 당연한 선택이었다.

그러나 북베트남에 의한 통일을 저지하려는 미국의 노력 또한 냉전시대의 논리로는 불가피한 선택이었다. 북베트남의 군사행동이 베트남 민족의 오랜 민족해방전쟁의 연장선상에 있었듯이, 미국의 행동 또한 1940년대 말의 동구권 및 중국 공산화, 1950년대의 한국전쟁과 쿠바 공산화, 1960년대의 베를린 위기와 쿠바 미사일 위기 등 동서 진영 간에 고조되던 긴장과 충돌의 연장선상에 있었다.

베트남전쟁의 비극은 베트남과 미국이 서로 상이한 차원의 전쟁을 수행하고 있었다는 점이다. 베트남은 독립과 통일을 위한 전형적인 민족해방전쟁을 수행한 반면, 미국은 전형적인 냉전시대의 전쟁을 수행했다. 그들은 서로 다른 언어로 말하고 있었기에 상대방에 대한 이해도 타협도 불가능했다.

미국은 1965년 4월 해병대 파병을 필두로 1973년 철수할 때까지 8년 동안 평균 약 50만 명, 연인원 310만 명의 병력을 파병했고 연간 수백억 달러의 군사비를 퍼붓는 등 총력전을 벌였다. 참전 기간 중 미군 측 피해는 사망 및 실종 5만 8,183명, 전투기 3,689대와 헬기 4,857대 손실 등 천문학적 숫자였다. 이것만 보아도 미국이 얼마나 그 전쟁에 총력을 기울였는지 알 수 있다.

미국의 군사 개입 직후 북베트남이 라오스를 경유하는 호찌민루트를 통해 정규군을 남파하면서 전쟁은 급속히 확대되었다. 북베트남 정부는 인구의 약 10퍼센트가 사망하는 극심한 피해에도 불구하고 남베트남을 '해방'시키고자 하는 의지를 굽히지 않았다.

전세가 호전되지 않는 가운데 미국은 개입의 한계를 깨닫고 명예로운 철수를 모색하게 되었다. 이에 따라 닉슨 행정부 출범 직후인 1969년 1월 25일부터 미국, 북베트남(월맹), 남베트남, 베트콩 4자 간에 파리평화회담이 개시되어 4년 만인 1973년 1월 27일 협정이 타결되었다.

미군과 연합군은 파리평화협정에 따라 8년간의 베트남전쟁 개입을 종결하고 1973년 모두 철수했다. 그로부터 2년 후인 1975년 4월 30일 북베트남은 평화협정을 파기하고 사이공을 무력 점령함으로써 통일을 이루었다. 1883년 베트남이 프랑스의 식민 통치하에 들어간 이래 92년 만에 다시 통일된 독립 국가를 형성한 것이었다.

베트남은 독립과 통일을 얻는 데 성공했으나, 전쟁의 대가는 엄청났다. 전쟁 기간 중 남베트남 정부군 22만 3,748명, 미군 5만 8,183명, 한국군 4,960명이 전사했고, 민간인 약 41만 5,000명이 사망했다. 북베트남 정규군과 베트콩의 인명 피해는 이보다 훨씬 많았다. 하노이 정부가 1995년 발표한 통계에 따르면, 북베트남 정규군과 베트콩을 합해 110만 명이 전사했다고 한다. 민간인 피해는 베트남 전역에서 200만~300만 명에 달했다는 것이 현 베트남 정부의 추산이다.

말하자면, 1945년부터 1975년까지 30년간 일본군의 식량 수탈에 따른 기근, 프랑스와의 전쟁에 따른 희생, 대미전쟁 기간 중의 사망 등으로 베트남 전체 인구의 약 10퍼센트인 600만~700만 명이 사망했던 것이다.

 과거보다 미래가 중요하다

베트남은 1945년 호찌민이 '베트남민주공화국'을 선포한 이래 1975년 통일을 이룰 때까지 30년간 끊임없이 전쟁을 겪었다. 서방의 시각에서 볼 때 프랑스와의 제1차 인도차이나전쟁은 베트남 민족의 독립전쟁이었던 반면, 미국과의 제2차 인도차이나전쟁은 한국전쟁과 마찬가지로 냉전시대의 이념전쟁이었다.

그러나 베트남인의 시각에서 볼 때 제2차 인도차이나전쟁, 즉 통상 베트남전쟁이라 부르는 대미전쟁은 동서 진영 간의 이념전쟁이 결코 아니었다. 그들에게는 30년간에 걸친 모든 전쟁이 프랑스, 일본, 다시 프랑스, 미국으로 연결되는 제국주의 세력에 항거하는 베트남 민족의 민족해방전쟁이었다.

아울러 과거 북베트남이 중부의 참파왕국과 남부의 크메르왕국을 정복하고 현 영토를 확립한 역사적 과정을 감안할 때 베트남전쟁은 북베트남이 200년 전에 정복했다가 식민 통치와 독립전쟁의 와중에 상실한 중부지방과 남부지방을 탈환하기 위한 실지 회복의 성격이 내포된 전쟁이기도 했다.

이처럼 복합적이고 중요한 의미가 있기에 베트남 민족으로서는 결코 양보하거나 타협할 수 없는 전쟁이었다. 그런데 그러한 베트남전쟁에 한국이 적국의 일원으로 참전함으로써 양국 간에 '과거사'가 생겨나게 되었다.

하노이 주재 대사관에서 2년 반 동안 참사관으로 근무하면서 부딪혀야 했던 가장 중요하고 의미 있는 현안은 바로 과거사 문제였다. 그러나 엄밀히 말해서 그것은 '현안'도 아니고 '문제'도 아닌 그냥 '과거사'였다. 우리 정부나 국민은 과거사 문제를 양국 간 현안으로 인식하고 있었으나, 베트남 정부나 국민에게는 전혀 현안이 아니었다. 베트남 정부는 과거사에 대해 언급하기조차 꺼렸다.

일본과의 과거사에서와는 달리 베트남과의 과거사에서는 우리가 가해자였다. 베트남이 피해자라고 생각하기보다는 우리 스스로 가해자라고 생각하는 면이 더 강하다는 점에서 한·일 간 과거사와는 양상이 근본적으로 달랐다. 가해자는 필요하면 사과하고 보상도 하겠다는데, 피해자는 굳이 말도 못 꺼내게 한다는 점 역시 특이했다.

아마도 그것은 베트남이 과거 온갖 세계열강의 침략에 시달려온 결과인지도 모른다. 러시아, 영국, 독일을 제외한 모든 열강과 전쟁을 겪었기에 그들 모두에 감정을 품고 지낼 수는 없다는 생각에서 과거를 거론하지 않기로 한 것인지도 모른다.

베트남전쟁 당시 남베트남 진영으로 참전한 국가는 미국 외에 한국, 호주, 뉴질랜드 등으로 그 이전에 이미 베트남을 침략했던 일본·프랑스와 더불어 현재 베트남에 경제 원조나 투자를 제공하는 핵심 국가들이다. 이들과의 협력은 베트남이 세계 최빈국의 오명을 씻고 경제 발전을 이루기 위한 필수 조건이다. 따라서 베트남인에게 이들과의 과거사는 잊고 싶은 과거일 뿐만 아니라 잊지 않을 수 없는 과거인지도 모른다.

한국 정부의 고위 인사들은 베트남 인사들과 만날 때 마치 의례적 인사라도 하듯이 과거사 문제에 대한 유감 표시를 화두로 꺼내곤 했다. 그러나 그때마다 그들의 반응은 한결같이 '과거를 덮고 미래를 위해 협력하자(put aside the past and cooperate for the future)'는 것이었다. 공산당 간부, 외교부 직원, 전직 베트콩 간부, 지방정부 고관, 언론인, 하다못해 문화예술계 간부나 학생을 만나도 한국과 베트남의 과거사에 대한 반응은 토씨 하나 틀리지 않고 똑같았다. 그리고 그들은 이렇게 덧붙였다. 베트남은 한국으로부터 어떠한 사과나 보상도 바라지 않지만, 만일 한국인들이 베트남인들에게 무언가 빚을 지고 있다고 생각한다면 투자와 경협을 통해 베트남의 경제 발전을 도와달라고. 베트남에 근무하는 동안 똑같은 표현을 수백 차례는 들어야 했다.

그들의 성숙하고 사려 깊은 입장은 '요구'와 '거부'가 반복되는 한·일 과거사의 정형화된 공식에 익숙한 우리에게 신선한 충격이었다. 그들에게 베트남전쟁의 아픈 기억은 정녕 잊고 싶은 과거라는 생각이 들었다. 분석하기 좋아하는 사람들은 베트남이 1986년 '도이모이(쇄신) 정책'을 채택한 이후 경

제 발전과 국제사회로의 편입을 지상 목표로 삼고 있어 현실
적으로 그런 정책이 불가피하리라는 평가를 하고 있었지만,
그것이 이유의 전부는 아닌 듯싶었다.

 ## 우리와 너무나 닮은 베트남 사람들

한국과 한국인에 대한 베트남인의 시각은 상당히 뜻밖이었
다. 과거에 적국이었던 것은 다른 나라들과 마찬가지인데도
한국은 베트남에서 미국, 일본, 중국, 프랑스 등과는 근본적
으로 다른 취급을 받았다. 베트남의 입장에서 볼 때 한국은
주범이 아니라 종범이었기 때문인지도 모른다. 베트남인에게
베트남전쟁은 서방 연합군과의 전쟁이 아니라 단지 미국과
의 전쟁일 뿐이었다.

　하노이에서 만난 미국 대사관 직원들은 "한국은 미국과 함
께 전쟁에 참여했고 미국 다음으로 많은 전투병을 파견했는
데, 왜 베트남이 미국은 적국 취급하고 한국은 우방국 취급
하는지 이해할 수 없다"라며 불평했다. 일본도 마찬가지였
다. 일본은 한국의 수십 배에 달하는 엄청난 원조를 베트남
에 제공하고 있었지만 베트남은 일본을 친구로 여기지는 않
았다.

전쟁 기간 중 작성된 북베트남 당국이나 베트콩의 문서를 보면 '남조선 군대'라는 표현은 거의 없다. 그들이 사용한 한국군의 명칭은 '박정희 용병군'이었다. 한국 정부가 군대를 파견한 것이 아니라 박정희 정권이 미국의 압력을 받아 파견한 용병이라는 의미로 해석된다.

1992년 양국 간 수교 협상 시에도 베트남은 우리의 예상과는 달리 과거사 문제를 전혀 거론하지 않았다. 수교 협정 서명식에 참석한 보반끼엣(Vo Van Kiet) 베트남 총리는 "과거 양국 사이에 불행한 일이 많았으나 이는 양국 국민의 뜻과 무관한 일"이라고 못 박았다.

단순히 과거에 대한 유감이 없는 정도가 아니라, 하노이에서 접한 대부분의 베트남인들은 한국인을 유난히 좋아했다. 거의 외국인으로 생각하지 않을 정도의 친근감을 갖고 있었다. 그런 점은 한국인도 마찬가지였다. 일종의 맹목적인 호감이라고나 할까.

베트남인은 지리적 위치와는 달리 동남아에서 유일하게 몽골반점이 있는 몽골족의 일원인데, 그러한 인종적 유사성으로 인해 자기도 모르게 친근감을 느끼는 것인지도 모르겠다. 어쩌면 수천 년 전 중앙아시아의 어느 고원에서 헤어진 동포에 대한 혈육의 정일지도 모른다.

몽골족의 일원인 베트남인이 왜, 언제, 어떻게 중국 대륙을 관통하여 인도차이나반도까지 흘러간 것인지에 대해서 정확히 아는 사람은 없으나, 어쨌든 그것은 사실이다. 그런 이유 때문인지 사회, 문화, 전통, 개개인의 성격과 습성 등 거의 모든 면에서 베트남과 한국은 상당히 유사하다. 관혼상제의 풍습은 더욱 그러하다. 좀 더 구체적으로 말하면, 베트남은 1960~1970년대의 한국과 모든 면에서 너무도 닮은 점이 많았다.

그래서 당시 하노이에 살던 500명 남짓한 한국인들은 외국에 살고 있다는 사실을 거의 느끼지 못하고 살았다. 베트남에서 살면서 어떻게 행동해야 할지 모르는 일이 발생할 때는 한국에서 하던 대로 행동하면 별 문제가 없었다. 베트남인들이 장점은 물론 단점까지 어쩌면 그리도 한국 사람과 닮았는지 징그러울 정도였다.

그처럼 운명적으로 가까울 수밖에 없는 한국과 베트남이 서로 통성명할 기회도 없이 왜 하필 전쟁터에서 적으로 처음 만나 사투를 벌여야 했던 것일까? 굳이 말하면 역사의 짓궂은 장난이라고 밖에 설명할 길이 없다. 만일 한국인과 베트남인이 현재처럼 서로를 아는 상황에서 전쟁이 발생했다면, 아마도 한국은 그 전쟁에 결코 참전할 수 없었을 것이다.

한국과 한국인에 대한 베트남인의 특별한 친근감은 공산당이나 정부에서도 마찬가지였다. 하노이 주재 외국 외교관들이 베트남 공산당 간부를 만나고자 할 때 면담 주선 자체가 어렵기도 하지만 설사 성사되더라도 오랜 시간을 기다려야 했다. 면담 장소도 공산당사 1층 출입문 옆의 작은 접견실이었다. 그러나 한국 대사관은 언제라도 전화 한 통으로 누구든 거의 곧바로 면담 시간을 잡을 수 있었다. 면담 장소는 참사관인 내가 혼자 대외위원회 국장과 만날 때에도 수십 명이들어갈 만한 드넓은 대접견실이 배정되었고, 베트남 전통의 모과주로 연신 건배를 하고 담배를 권해가면서 환담을 나누곤 했다.

일반 베트남인의 한국에 대한 호감은 베트남 정부보다 더했다. 베트남 TV의 밤 8시 골든 프로는 모두 한국 드라마로 채워졌고, 남녀노소 불문하고 한국 연예인 수십 명의 이름을 꿰고 있지 않으면 대화에 낄 수가 없었다. 내가 장동건, 김남주 같은 한국 연예인의 이름을 처음 들은 것도 베트남 정부 고관들의 입을 통해서였다.

또한 하노이 시내 도로변에는 당시 세계 최강의 전자제품 브랜드였던 SONY 간판이 삼성, 대우, LG 등의 대형 간판 사이에서 초라한 모습으로 명맥을 유지하고 있었고, 고가의 삼성 핸드폰은 부유층의 필수품이었다. 화장품은 한국산 드봉이 최고여서 프랑스나 일본의 화장품보다 비싸게 팔렸고, 베트남 여인이 그 사회에서 멋쟁이 노릇을 하려면 머리끝부터 발끝까지 온통 한국산으로 치장해야만 했다.

베트남을 바라보는 한국의 시각에도 특수한 호감이 있었다. 하노이의 한국 대사관이 외교상 필요로 추가예산을 신청하면 거의 예외 없이 지원을 받을 수 있었다. 국회에서도 베트남과 관련된 사업 예산은 여야 불문하고 삭감 의견이 아예 제기되지 않았다. 전 세계 130여 국가에 무상원조를 제공하는 '한국국제협력단(KOICA)'은 전체 예산의 10퍼센트에 달하는 금액을 베트남 한 나라에 할당하고 있었다.

기업도 마찬가지였다. 당시 하노이에는 유수한 국내 대기업 대부분이 진출하여 주로 중공업 분야에 투자하고 있었는데, 흑자를 내고 있는 기업은 별로 없었다. 1997년 동아시아 외환위기 이후 다른 나라 기업들은 대부분 철수했지만 유독 한국 업체들은 막대한 손실을 감수하면서도 대부분 잔류하고 있었다. 그들 대기업 주재원에게 손해를 보면서도 철수하지 않는 이유를 물으면 반응이 거의 같았다. 한국이 베트남에게 역사적으로 진 빚이 있으니 다소 손해를 보더라도 본사에서 기꺼이 감수한다는 것이었다.

한국 기업인들은 그 외에도 베트남인에게 색다른 고마운 감정을 갖고 있었다. 우리와 여러 면에서 국민성이 유사하고 농산물이 풍부하며 원유 자원까지 갖고 있는 베트남이 만일 전쟁을 겪지 않고 경제 개발에 전념했다면, 베트남이 다른 개도국 모두를 압도했을 것이며, 따라서 오늘날의 한국은 결코 존재할 수 없었으리라는 것이다. 그래서 경제 개발 개시의 시점을 지금까지 미루어준 베트남에 감사할 수밖에 없다는 것이었다.

과거사에 대해 사과나 보상을 받기를 거부하는 베트남인이나 그럼에도 불구하고 어떻게든 마음의 빚을 갚아야 한다고 생각하는 한국인이나, 피비린내 나는 과거사로 얽힌 두 나라 사람들이 어찌 이처럼 서로에 대해 아름다운 감정을 가질 수 있단 말인가. 한·일 간의 과거사도 이처럼 아름답게 해결될 수 있다면 얼마나 좋을까 하는 생각이 들었다.

2. 잊혀진 전쟁의
잊히지 않은 상흔

●

번역을 마치고 최초로 전문을 읽었을 때,

베트남 중부지방의 많은 지역에서 얼마나 많은 사람들이

아직도 한국인에 대한 피맺힌 기억과 원한을 간직하고 있을지

상상하는 것이 그리 어렵지 않았다.

양민학살 의혹의 파고 속에서

내가 하노이에 부임한 직후인 1999년 9월 초 양국 간의 밀월 관계를 위협하는 잠재적 화약고가 하나 생겨났다. 국내 모 주간지가 베트남전쟁 당시 한국군에 의한 양민학살 의혹을 대대적으로 보도했던 것이다. 호찌민에서 발간되는 ≪뚜오이 쩨(청춘)≫라는 대중잡지가 이를 인용해서 보도했고, 이듬해 에는 이에 관한 보도가 전 세계 외신으로까지 비화되었다.

이에 대한 베트남 정부의 입장은 확고했다. 과거사에 관한 일체의 논의에 반대하는 베트남 정부는 즉각 자국 언론사들에 양민학살 관련 보도를 금지하는 지침을 시달했다. 이로 인해 일간지 등 주요 언론에서는 이를 보도할 수 없었으나, 이따금 통제가 허술한 소규모 대중잡지에 몇 차례 기사가 실렸다.

이듬해 4월에는 '사이공 해방기념일(4.29)'을 앞두고 ≪뉴스위크≫를 필두로 AP, 로이터 등이 서울발 기사로 한국군의 베트남 양민학살 의혹을 집중 보도했다. 그러자 베트남 외교부는 공식 논평을 통해 "과거의 불행한 일을 현시점에서 거론하는 것은 베트남을 위해서도 도움이 되지 않는다"라는 입장을 명확히 했다.

한국 내 특정 언론에 의한 폭로 기사는 계속되었다. 연이어 보도되는 기사 내용은 끔찍했다. 보도의 정확성 여하를 떠나서, 그러한 보도를 접한 베트남인 중 최소한 일부는 이를 사실로 믿을 개연성이 있었다. 그 때문에 한·베트남 관계에 미칠 부정적 영향이 우려되는 상황이었다. 그러나 베트남 정부와 국민은 의외로 이에 무관심했다. 베트남전쟁은 역시 그들에게는 기억하고 싶지 않은 과거사였나 보다.

많은 베트남 젊은이들은 그 기사를 보고서야 비로소 한국군이 베트남전쟁에 참전했던 사실을 처음 알게 되었다고 대수롭지 않게 얘기했다. 베트남전쟁을 몸소 겪은 하노이의 고위 인사들은 약소국인 한국이 미국의 압력으로 마지못해 참전한 것이니 베트남인은 한국에 대해 아무 유감이 없다고 거듭 강조했다. 그들에게 한국과 베트남은 가해자와 피해자의 관계가 아니라, 두 나라 모두 강대국이 지배하던 그 시대 역사의 희생자들일 뿐이었다.

한국 언론의 보도가 베트남 주간지에 의해 몇 차례 인용 보도되자 한국 정부는 "베트남 정부가 공식 조사를 희망한다면 이에 전향적으로 응할 준비가 되어 있다"라는 입장을 베트남 정부에 전달했다. 그러나 그에 대한 베트남 정부의 답변은 즉각적이고 명료했다. "베트남 정부는 과거사에 대한 일체의 논의에 반대한다"라는 것이었다.

당시 한국은 한국전쟁 기간 중 발생한 노근리 양민학살 의혹 사건의 와중에 있었는데, 한국과 베트남의 과거사는 노근리 사건의 향방과는 모든 것이 너무도 달랐다. 그 이후에도 한국에서는 베트남전쟁 양민학살 의혹에 관한 보도가 간헐적으로 계속되었으나, 양국 정부 간에는 그 문제가 거론조차 되지 않았다.

그것은 한국의 국내정치 현안이었을 뿐, 양국 간의 현안이 아니었고 베트남의 국내 현안은 더욱 아니었다. 한국 내에서는 반한 여론을 우려하여 베트남 여행을 취소하는 사람들까지 있었으나, 그러한 여론은 베트남의 어디에도 존재하지 않았다.

당시 베트남 측 인사와 만나는 한국의 각계 인사들은 면담 모두에 거의 예외 없이 과거사에 대한 유감의 뜻을 표명하곤 했다. 그 시점에 개최된 양국 간 정상회담도 예외는 아니었다. 아마도 그것은 한·일 간 과거사의 경험에 비추어 상대방이 그러한 사과 표시를 감사하게 받아들일 것으로 생각했기 때문이었을 것이다.

그러나 베트남 측 인사들은 그에 대해 감사하기는커녕 당황스러워하거나 불편해하는 기색이 역력했다. 그들은 그런 일이 생길 때마다 한국 대사관에 "베트남은 과거를 잊고 한국과 진정한 친구가 되고자 하는데 한국 사람들은 왜 그토록 과거사에 연연하는지 이해할 수 없다"라고 불평했다. 이듬해 개최된 양국 정상회담에서 우리 대통령이 자발적으로 과거사에 대한 유감을 표시한 데 대해서도 베트남 측은 불편한 심기를 감추지 않았다.

이러한 와중에 2000년 벽두를 맞으면서, 나는 베트남전쟁 당시 실제로 어떤 일들이 발생했는지에 대해 깊은 호기심을 갖게 되었다.

베트남전쟁에 참전했던 한국 군인들이 어떤 환경에서 어떻게 전투를 했는지, 당시 한국군이 주둔했던 베트남 중부지방에서는 현재 어떤 일이 일어나고 있고 한국에 대한 감정은 어떠한지, 5,000명에 달하는 한국군 사망자 수에도 불구하고 왜 포로는 거의 없었던 것인지, 양민학살이라 부르는 사건들이 당시 실제로 일어났던 것인지 등 모든 것이 궁금했다.

그러한 관심의 직접적인 계기가 된 것은 1999년 말의 꾸이년(Quy Nhon) 출장이었다. 베트남 중남부 빈딘성의 성도(省都)인 꾸이년은 베트남전쟁 당시 맹호부대 사령부가 주둔했던 곳으로서, 한국에서는 '퀴논'이라는 영어식 발음으로 익히 알려진 곳이다. 꾸이년 방문은 내가 한국·베트남 과거사를 처음으로 직접 만난 계기였다. 그것은 또한 그 후 2년 동안 나로 하여금 과거사를 찾아 베트남 전역을 방황하도록 한 운명적인 만남이기도 했다.

베트남에서 가장 가난한 중부지방은 그해 11월 70년 만의 대홍수를 맞아 국제사회의 지원을 호소하고 있었다. 베트남에 진출한 주요 국가들이 수십만 달러 규모의 구호금을 전달했으나, 연말이라 예산이 고갈된 관계로 우리 대사관이 서울로부터 어렵사리 확보한 구호금은 고작 2만 달러에 불과했다. 그러나 한국에 대해 상당한 기대를 걸고 있던 베트남 정부에 차마 그걸 구호금이라고 전달할 수는 없었다.

그래서 우리는 몸으로라도 때워 성의를 보이기로 결정했고, 이에 따라 대사와 대사관 직원들이 2만 달러어치의 한국산 모포를 구입해 대형 트럭 두 대에 나누어 싣고 홍수의 중심지 꾸이년을 직접 방문했다. 외국 대사가 온통 물에 잠긴 폭우 속의 수해지역을 직접 방문한다는 것은 전혀 상식 밖의 일이었기에 그 광경은 베트남 TV에서 며칠간 대대적으로 보도되어 커다란 반향을 불러일으켰다.

여전히 폭우가 계속되면서 도로가 군데군데 끊겼던 상황이라 구호품을 실은 트럭이 하노이에서 꾸이년까지 가는 데 무려 사흘이 걸렸다. 우리 일행은 항공편이 사전예고 없이 연이어 취소되는 상황에도 불구하고 공항에서 무작정 기다리다가 어렵사리 자리를 얻어 꾸이년에 도착할 수 있었다.

꾸이년을 성도로 하는 빈딘성은 베트남전쟁 당시 한국군이 주둔했던 중부지방 다섯 개 성 중 가장 반한감정이 심하다는 곳이었다. 그래서 1992년 국교 정상화가 이루어진 지 7년이 지난 그때까지도 대사관 직원은 물론 상사 주재원들도 감히 방문할 엄두를 못 내던 곳이었다. 하노이에 오래 주재한 상사 주재원들 말에 따르면 한국 사람은 호텔 예약도 안 받아준다고 했다.

구호품을 싣고 가니 설마 험한 일이야 당하랴 생각했지만, 그래도 안심이 되지 않았다. 그래서 당시 베트남 예술협회장을 맡고 있던 꾸이년 출신의 호앙츠엉(Hoang Chuong) 교수를 안내인 겸 보호자로 대동했다. 호앙츠엉 교수는 열렬한 한국 팬으로, 하노이에서 발간되는 각종 잡지에 한국을 찬양하고 한국을 배우자는 기고문을 자주 게재하고 있었다. 하노이 TV 기자였던 그의 딸 투이(Thuy)도 방송을 통해 한국에 관한 모든 것을 베트남에 알리기에 지극히 열성이었다.

우리는 베트남전쟁을 주제로 한 소설이나 영화에 나오던

낭만적 이미지를 생각하고 꾸이년에 도착했는데, 분위기는 영 딴판이었다. 베트남전쟁 당시 건설된 미군의 군사 공항인 듯한 낡은 꾸이년 공항에 도착해 보니 시골 기차역 대합실 같은 공항 청사가 우리를 맞았다. 그곳에서부터 사람들이 바글거리는 좁은 도로를 한 시간쯤 달려 꾸이년에 도착했는데, 가는 도중 국도 양편은 성한 집이 거의 한 채도 없을 정도로 모두 시뻘건 물에 잠겨 있었다.

꾸이년 시내는 물에 잠긴 곳은 없었지만 베트남전쟁 이후 집 한 채도 새로 지어진 것이 없는 듯한 썰렁하고 가난한 도시였다. 1960년대 어린 시절 살던 서울의 어느 변두리와 같은 분위기였다. 저녁식사를 마치고 한 시간 정도 시내를 구경했으나 거리에는 사람 한 명, 자전거 한 대도 없이 적막했고 싸구려 찻집이나 맥줏집 하나도 찾을 수 없었다. 그야말로 유령도시였다.

맹호부대의 흔적이 혹시 있는지 인민위원회 직원에게 물으니, 시내 중심부 소공원에 맹호부대가 지은 팔각정이 남아 있다고 했다. 이튿날 아침 반가운 마음에 찾아가 보니, 아무도 없는 썰렁한 소공원에 매점으로 사용 중인 조그만 팔각정 건물이 과거의 아픔을 말하듯 외롭게 서 있었다. 한국군의 베트남전쟁 참전 역사와 처음 만나는 실로 감회 깊은 순간이었다(공산국가인 베트남에서 인민위원회는 행정관청을 의미한다.

성 인민위원회는 도청, 시 인민위원회는 시청, 현 인민위원회는 군청
이다).

그 후 하노이에서 나이 많은 베트남 고관들을 만날 때마다
한국군의 베트남전쟁 참전과 관련된 질문을 던져보았으나,
결과는 신통치 않았다. 모두 과거사에 관해 언급하는 것 자
체를 극도로 기피했고, 양민학살 의혹이나 한국군 포로 문제
에 관해서도 금시초문이라는 반응이었다.

 긴 여정의 물꼬를 트다

그러던 중 이듬해인 2000년 3월 초 뜻밖의 기회가 왔다. 어느
리셉션에서 마음씨 좋아 보이는 중년의 베트남인과 우연히
만나 명함을 교환하고 보니 공안부의 응우엔꽝빈(Nguyen Qua
ng Binh) 국제국장이었다.

공안부 국제국장은 베트남 정부의 해외 정보 활동을 총괄
하는 직책으로, 우리로 따지면 국정원 1차장에 해당되는 직
함이었다. 베트남 공안부는 한국의 국정원, 대통령경호실,
경찰청, 행정안전부를 합쳐놓은 것 같은 실세 중의 실세 부
서였기에 대화가 통하리라는 생각이 들었다. 나중에 별도로
만나자고 했더니 그는 선뜻 수락했고, 보름 후인 3월 21일 둘

이서 우리 측 통역만을 대동하고 저녁식사를 했다.

그와의 만남은 퍽 인상적이었다. 수십 명이 들어갈 만한 호텔 중국식당 홀에서 커다란 테이블에 셋이서만 휑하니 둘러앉아 식사를 했다. 실세 부처인 공안부 국장이어서 그런지 그의 접근방식은 다른 사람들과는 많이 달랐다. 그는 저녁식사가 시작되기가 무섭게 30여 분에 걸쳐 베트남이 지난 1,000년간 중국, 몽골, 프랑스, 일본, 미국 등 외세의 침략에 시달려온 역사를 장황하게 설명했다. 그리고 한국군이 베트남 인민에게 어떤 고통을 주었는지 얘기하는 것도 잊지 않았다.

나도 이에 뒤질세라 한민족이 지난 2,000년간 외세의 침략에 시달려온 역사를 장황하게 설명했다. 그는 한국과 베트남이 모두 외세 침략에 시달려온 역사의 희생자라는 내 말에 적극 공감했다. 그러고는 유사한 역사적 난관에도 불구하고 한국은 크게 성공했으나 베트남은 가난을 면치 못하고 있으니, 한국이 베트남의 가난한 인민을 위해 뭔가 도움을 주면 고맙겠다고 말했다.

한국 정부에 바라는 것이 구체적으로 무엇인지 묻자 그는 서슴없이 대답했다. 한국군이 주둔했던 중부지방 다섯 개 성은 극심한 전쟁 피해로 아직도 극빈 상태를 면치 못하고 있으니 그들을 위해 소규모라도 인도적 지원을 제공해달라고 했다. 그는 베트남 정부는 한국군의 베트남전쟁 참전에

전쟁 당시의 베트남 및 중부지방 다섯 성

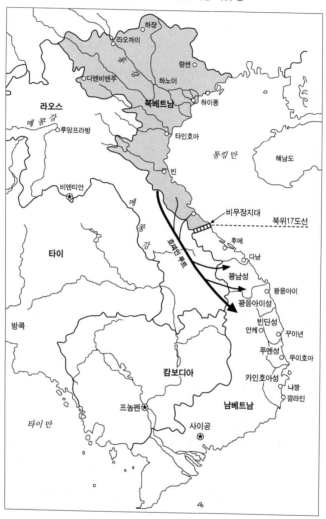

라오스

메콩강

타이

방콕

캄보디아

타이 만

프놈펜

사이공

남베트남

북베트남

하장
라오까이
랑쎈
디엔비엔푸
하노이
하이퐁
타인호아
통킹 만
해남도
빈
비엔티안
비무장지대
북위17도선
후에
호찌민 루트
다낭
꽝남성
꽝응아이
꽝응아이성
빈딘성
안케
꾸이년
푸옌성
뚜이호아
카인호아성
나짱
깜라인
루앙프라방

따른 보상이나 배상을 원하는 것이 결코 아니며 단지 인도적 차원에서 자발적 지원을 희망할 뿐이라고 거듭 강조했다.

나는 기회다 싶어, 당시 보도되던 한국군의 양민학살 의혹에 대한 베트남 정부의 견해를 문의했다. 그리고 베트남 정부가 내부적으로 보유하고 있는 양민학살 의혹지역 리스트를 제공해주면 해당 지역에서 인도적 지원이 실시되도록 추진하겠다고 제의했다. 그는 베트남 정부로서는 그에 관해 아는 바가 없고 알고자 하지도 않으며, 내부적으로 조사한 적도 없다고 잘라 말했다.

그와 솔직한 대화를 나눈 이후 나는 베트남 중부지방에 잔존하는 반한감정의 존재에 대해 진지하게 고민하기 시작했다. 그리고 얼마 안 가서 빈 국장이 제안한 인도적 지원 사업 외에는 달리 해결 방안이 없다는 결론에 도달했다. 베트남 정부가 과거사에 대한 조사도 사과도 보상도 원치 않는 상황에서는 그것만이 유일한 대안이었다.

빈 국장과는 그 후에도 몇 차례 중부지방 지원 문제로 자문을 구하기 위해 만났다. 그는 중부지방을 돕는 일에 관심이 지대했고, 그것은 베트남 공산당과 정부의 핵심 정책 목표 중 하나이기도 했다. 그는 빠듯한 일정에도 불구하고 언제라도 전화 한 통이면 시간과 장소에 구애받지 않고 면담 시간을 내주곤 했다.

나는 기왕에 인도적 사업을 실시할 바에는 가능한 한 양민학살 의혹이 제기된 지역에서 하는 것이 좋겠다고 생각했다. 한국에서 항공편으로 네 시간 반의 지근거리에 있는 이웃 국가 내에 종전 후 거의 30년이 지난 현재까지 한국 사람이 무서워서 접근하지 못하는 지역이 있다는 것은 문제가 있었다. 그래서 어떤 방식으로든 그러한 지역에서 한국의 이미지를 바꿀 필요가 있다고 느꼈다. 최소한 그들의 원한이나 반한감정이 후대에까지 전수되는 것은 막아야 한다는 생각이었다.

물론 그러한 의혹은 사실 여부를 확인하기가 매우 어렵고, 또 베트남전쟁의 비정규전 성격에 비추어 볼 때 그들이 단순히 무고한 양민이 아니었을 가능성도 없지 않았다. 실제로 베트남 당국의 대미전쟁 백서만 보아도 수많은 노약자와 부녀자가 베트콩의 군사 작전에 적극 협조해 공을 세우고 포상받은 사례가 수없이 많다.

그러나 양민학살 의혹이 사실인지 아닌지 여부는 중요한 것이 아니었다. 문제는 베트남 정부나 현지 주민이 과거의 사건을 내심으로 어떻게 믿고 있는가 하는 것이었다. 의혹의 사실 여부와 관계없이 현지 주민이 이를 사실이라고 믿고 있는 것이 엄연한 현실이었다. 설사 그 의혹이 사실이 아니라 할지라도 현지 주민이 이를 사실이라고 믿고 있다면 결과는 다를 것이 없었다.

그래서 나는 사실 여부에 대한 판단을 유보한 채 현지 주민과 베트남 정부가 염두에 두고 있는 양민학살 의혹 지역 리스트를 파악하는 데 총력을 기울였다. 그러나 베트남 공산당과 정부 내 어디서도 그런 리스트는 찾을 수가 없었다.

하는 수 없이 마지막 수단으로 사무실에 중부지방 지도를 붙여놓고 국내 모 주간지의 보도 내용을 토대로 위치를 추적해 들어갔으나, 그것도 해결책은 못 되었다. 보도건수는 많았지만 실제로는 두세 개 지역에 관한 사항을 수차례 중복적으로 기사화한 것이 대부분이었고 기사에 나오는 지명이나 마을 이름이 실재하지 않는 경우도 없지 않았다. 그로 인해 사업 구상은 난관에 빠졌다.

중부지방 다섯 개 성은 남북으로 뻗은 길이가 약 400킬로미터에 달하는 방대한 지역이었다. 그 넓은 지역에서 제한된 예산으로 인도적 지원 사업을 실시하고 그중 일부가 운 좋게 양민학살 의혹 지역 근처에라도 배치되도록 하자면 방법은 한 가지뿐이었다. 사업 규모를 잘게 쪼개어 작은 규모로 여러 곳에서 사업을 실시함으로써 그중 몇 개가 요행수로 해당 지역에 할당되기를 기대하는 방법밖에 없었다. 더욱이 다음 해의 예산 신청 시한이 임박한 시점이어서 더 이상 시간을 지체할 여유가 없었다.

그러한 고려에 따라 한국군이 주둔하거나 작전을 실시했

던 벽지마을에 적합한 소규모 초등학교를 가능한 한 여러 개 짓기로 일단 방향을 잡았다. 베트남 건설업자를 불러 견적을 받아 보니 교무실 한 개와 교실 네 개로 구성된 미니 초등학교의 건설단가가 미화로 약 5만 달러였다. 그래서 5만 달러짜리 초등학교 40개를 2년에 걸쳐 초단기로 건설하는 200만 달러 규모의 사업을 외교부 산하 KOICA 본부에 건의했다.

뜻밖에 찾아온 행운

당시 한국에서는 정부, 국회, 언론 할 것 없이 베트남에 대한 여론이 호의적이었던 관계로 비교적 어렵지 않게 사업 예산을 받아낼 수 있었다. 예산 신청이 너무 늦어 200만 달러 신청액 중 잘해야 100만 달러 정도 배정되리라 생각했는데, 뜻밖에 한 푼도 삭감 없이 전액이 배정되었다.

사실 나는 그것으로 임무를 종결하고 하노이 소재 KOICA 사무소로 사업을 이첩할 생각이었다. 솔직히 그 이상의 범주는 외교관이 할 일도 아니었고 할 수 있는 일도 아니었다. 그러나 여러 군데서 예상치 못한 문제들이 터져 나와 결국 끝까지 발을 뺄 수 없는 처지가 되었다.

그 사업의 베트남 측 주무 부처는 교육부였고 또한 대외원조 사업인 관계로 투자계획부의 허가도 받아야 했는데, 두 부처가 모두 중부지방에서의 학교 건설 계획에 강력히 반대했다. 중부지방에는 이미 일본 정부가 수천만 달러를 들여 많은 초등학교들을 지었으므로 추가 시설이 불필요하니 모두 베트남 북부지방에 지으라는 것이었다. 공산당 간부들까지 동원해 설득도 하고 압력도 가했으나 별 효과가 없었다.

우리가 학교를 왜 굳이 중부지방 다섯 개 성에 지으려 하는지 그 배경을 알 리 없는 그들로서는 당연한 반응이었다. 그러나 그렇다고 그들에게 학교 건설과 양민학살 의혹 사이의 상관관계를 털어놓을 수는 없었다. 수주일에 걸친 소모적인 논쟁 후 그들을 설득하는 것이 불가능하다고 판단한 나는 사업을 전면 백지화하기로 결심하고 공안부 빈 국장을 찾아가 아쉬움의 뜻을 전달했다.

그는 사업 포기를 재고해달라고 종용했다. 그러나 나는 중부지방 다섯 개 성 외의 지역에서 학교를 짓는 것은 의미가 없으므로 재고의 여지가 없다고 말했다. 그 사업에 대해 애착이 많았던 그는 자신에게 일주일의 시간을 달라고 했다.

그 후 일주일 동안 그는 학교 건립과 관련된 정부 부처와 공산당의 고위 간부들을 직접 만나 설득 작업을 벌였다. 결과는 기대 이상이었다. 베트남 교육부는 그간의 입장을 전면 수정해 중부지방 다섯 개 성 내의 어디에든 한국 정부가 원하는 곳에 원하는 숫자만큼의 학교를 지어도 좋다는 입장을 전달해 왔다. 백지 위임장과도 같은 파격적인 허가였다.

그것은 기쁜 소식임에 틀림없었으나, 그로 인해 우리는 새로운 어려움에 봉착했다. 우리 마음대로 장소를 결정하라 하는데, 대사관으로서는 대체 어디에 학교를 지어야 할지 판단할 근거가 전혀 없었다. 그렇다고 동네마다 다니면서 물어볼 수도 없는 일이었다. 베트남에 오래 주재한 우리 기업인들의 말로는 중부지방 도처에 한국군의 양민학살과 관련된 위령비가 있다고 하는데, 말만 무성할 뿐 위령비의 위치에 관한 구체적 정보를 어디서도 구할 수가 없었다.

또 한 가지 문제는 사업 지역을 우리가 결정할 경우 부지의 선정뿐만 아니라 타당성 조사도 우리가 해야 한다는 점이었다. 그곳은 베트남전쟁 종전 이래 우리 대사관 직원은 물론 상사 직원들도 감히 접근할 엄두를 못 내던, 반한감정의 피가 맺힌 지방이었다. 더욱이 가급적 양민학살 의혹 지역에 학교를 짓는다는 방침이었기 때문에 그런 곳에서 과연 무사히 현지답사를 할 수 있을지도 의문이었다.

그러한 난관으로 고심을 거듭하던 2000년 4월 초, 뜻밖의 행운이 찾아왔다. 호찌민에서 수년간 공부하던 어느 한국 유학생이 중부지방 다섯 개 성에서 수집한 민간인 피해 현황에 관한 방대한 기록 문서들을 대사관에 보내 왔다. 그것은 그가 개인적으로 관심을 갖고 수년간 이곳저곳에서 어렵게 수집한 자료들이었다.

그는 당시 한국 언론의 폭로 기사들이 한국인의 이미지에 미칠 악영향을 크게 우려하면서, 자신이 구한 자료들을 양국 관계를 위한 건설적인 목적에 활용해달라고 했다. 그리고 자신이 수집한 자료들로 인해 파문이 더 확산될 것을 우려해 내용을 파악한 후엔 자료들을 꼭 파기해달라고 했다. 나는 약속을 했고 그 약속을 지켰다.

그가 보낸 자료는 정말 대단한 것이었고, 우리가 필요로 했던 모든 것이 망라되어 있었다. 그것은 베트남전쟁이 절정에 이른 1960년대 말과 1970년대 초 남베트남에서 활동하던 베트콩 지하조직들이 지역별 민간인 피해 현황을 수시로 중앙에 보고한 내부 문서들이었다. 대외용 자료도 아니었고 홍보용 자료는 더욱 아니었다. 각 지방 조직마다 타자기 활자체와 기술양식이 모두 다른, 가공되지 않은 1차 보고서였다.

그 자료들 중에서 미군의 공습과 정상적 교전에 의한 일반적인 민간인 피해 보고서들을 걸러낸 후 나머지 부분에 대해 번역 작업을 시작했다. 연일 밤 12시를 넘기는 강행군을 했음에도 전문 번역에는 거의 한 달이 소요되었다. 워낙 오래된 기록들이어서 한 문장 한 문장 번역할 때마다 확인해야 할 사항이 너무도 많았기 때문이다.

그간의 행정구역 변경으로 당시의 지명과 현재의 지명이 달라 과거와 현재의 지도를 놓고 일일이 대조해야 했다. 그것으로도 해결이 안 되면 현지 지방인민위원회에 전화를 걸어 문의했다. 전쟁 중에 아예 영원히 사라져버린 마을들은 지도상에서 정확한 위치 확인이 어려워 많은 시간이 소모되었다. 일부 음력으로 기재된 날짜들을 양력으로 전환하는 작업에도 시간이 많이 소요되었다.

온갖 어려움 끝에 번역을 마치고 최초로 전체 내용을 읽었을 때, 베트남 중부지방의 많은 지역에서 얼마나 많은 사람들이 아직도 한국인에 대한 피맺힌 기억과 원한을 간직하고 있을지 상상하는 것이 그리 어렵지 않았다. 어떤 기록은 상황 묘사가 너무나 상세하고 절절하여 눈물 없이는 도저히 읽을 수 없었다.

나는 자료들을 지역별, 일자별로 정리하고, 다시 언론 보도 내용과 대조하여 일부 정정하고, 중부지방 각 성의 박물관에 비치된 기록들까지 취합하여 사무실 대형 지도에 표기했다. 며칠 동안 대사관 사무실에 틀어박혀 온종일 지도를 바라보며 묵상을 하고 나니, 내가 베트남에서 해야 할 일이 무엇인지 머릿속에 명확히 들어왔다. 그것은, 현지를 직접 답사해서 피해 지역과 한 치라도 가까운 곳에 학교를 지어 그곳 주민의 맺힌 한을 조금이나마 풀어주어야겠다는 강렬한 욕망이었다.

 ## 뜻이 있는 곳에 길은 있다

그즈음 나는 장차 사업의 실현에 많은 도움을 줄 사람을 우연히 만나게 되었다. 당시까지 한국 대사관과 아무런 접촉이 없었던 베트남 재향군인회와 연락 창구를 개설하고자 재향군인회 국제국장에게 면담을 신청했는데, 막상 만나러 가보니 80세쯤 되어 보이는 백발노인이 자애로운 미소를 띠며 국제국장과 함께 나를 맞이했다.

그는 재향군인회의 핵심 원로인 부쑤안빈(Vu Xuan Vinh) 중앙집행위 상무위원이었다. 그는 1954년 5월 베트남 해방군이 프랑스군의 항복을 받아낸 유명한 '디엔비엔푸 전투'에 연대장으로 참전했고 베트남전쟁 당시에는 공군참모총장을 역임한 후 중장으로 퇴역한 노장이었다[참고로, 베트남군에는 대장이 없고 3성의 상장(上將)이 최고위 계급이다. 국방장관도 현역 상장이다. 중장은 2성 장군이며, 국방차관, 각 군 참모총장 등이 이에 해당된다].

그는 베트남전쟁 종전 후 처음으로 한국 외교관이 재향군인회 사무실을 방문하는 역사적 순간을 국장에게 맡길 수 없어 자신이 직접 나왔다고 하면서 방문을 크게 환영했다. 배석했던 후인 반 찐(Huynh Van Trinh) 중앙집행위원 겸 국제국장은 베트남전쟁 당시 현역 대령으로서 외교부 미주국장으로 근무했다고 하는데, 키신저 미 국무장관과 함께 파리평화회담에 참석한 자신의 사진을 자랑스럽게 보여주었다.

빈 상무위원은 공안부 빈 국장이 나와 처음 만날 때 그랬듯이 베트남이 1,000년간 겪은 외세 침략의 역사와 그로 인해 베트남 인민이 겪어온 고난의 역사를 장장 한 시간에 걸쳐 설명했다. 그는 이어서 한국의 베트남전쟁 참전과 양국 관계의 미래에 관한 재향군인회의 시각을 다음과 같이 설명했다.

베트남 정부는 베트남전쟁 당시 한국군이 참전할 수밖에 없었던 어려운 사정을 잘 이해하고 있다. 따라서 한국군의 베트남전쟁 참전에 대해 아무런 유감이 없다(미국의 강요로 불가피하게 참전했으니 개의치 않는다는 의미였다). 과거를 덮고 미래를 위해 협력하자는 것이 베트남 당과 정부의 확고한 입장이다.

전쟁 기간 중 일부 한국군에 의한 잔혹행위가 있었으나, 과거의 일을 거론하기를 원치 않는다. 본인은 군인이기 때문에 그런 행위를 한 한국 군인의 심정을 누구보다 잘 이해하고 용서할 수 있다.

베트남에 대한 한국 기업들의 투자와 한국 정부의 경제 지원을 높이 평가하고 감사하게 생각한다. 지난해 중부지방 대홍수 당시 한국 대사가 폭우 속의 꾸이년을 직접 방문하여 구호품을 전달하는 장면을 TV를 통해 보았다. 정말 감동적인 장면이었고, 다른 어느 나라의 대규모 지원보다 의미 있게 생각한다.

나도 이에 맞서서 한민족이 지난 2,000년간 겪어온 외세 침략의 역사를 약 반 시간에 걸쳐 설명했다. 그리고 이처럼 고난의 역사를 공유한 양국 국민이 상대방에 대해 제대로 알 겨를도 없이 베트남전쟁 기간 중 적군으로 처음 대면할 수밖에 없었던 불행한 과거에 대해 유감의 뜻을 표명했다. 이어서 나는 한국군의 베트남전쟁 참전에 대한 한국의 시각을 다음과 같이 설명했다.

한국군의 베트남전쟁 참전 배경에 대해 깊은 이해를 표명해주어 감사하다. 그러나 일부 오해가 있는 것 같아 해명을 하고자 한다. 한국군은 미국의 압력으로 참전한 것이 아니라 자의에 의해 참전했다.

당시 북한은 무력에 의한 한반도 통일을 공공연히 추구

하고 있었고, 북한 특수부대들이 부단히 한국에 침투하여 파괴 공작을 계속하고 있었다. 당시로서는 베트남이 공산화되면 다음 차례는 한반도가 될 상황이었기에 한국으로서는 남베트남의 공산화를 어떻게든 막아야 하는 입장이었다.

당시 한반도는 냉전체제의 핵심에 있었고, 한국에 베트남은 전혀 모르는 미지의 나라였다. 그 때문에 한국은 베트남전쟁이 갖는 민족해방전쟁의 성격을 이해할 수 없었다. 한국은 베트남전쟁을 단지 한국의 안보를 지키기 위한 예방전쟁의 성격으로 이해했고, 그런 고려에 따라 자발적으로 베트남전쟁에 참전했다.

한국 군인은 미국의 용병이 아니었다. 베트남 인민이 조국을 지키기 위해 목숨 걸고 대미전쟁을 치렀듯이, 한국 군인도 조국을 지키기 위해 목숨 걸고 베트남전쟁에 참전했다.

동행했던 대사관 비서 푸엉이 통역을 하다 말고 눈이 동그래져서 주춤거렸다. 아마 그런 도발적인 얘기는 처음 들었을 것이고, 설사 그것이 사실이라 할지라도 구태여 그런 자극적인 발언으로 재향군인회와의 첫 만남을 망칠 필요가 있겠느냐 하는 표정이었다. 나는 한 단어도 빼먹지 말고 정확히 통역하라고 했고, 그녀는 갸우뚱하면서 통역을 계속했다.

빈 상무위원은 미소를 가득 머금고 고개를 크게 끄덕이더니, 솔직한 발언에 감사한다고 말했다. 그러고는 한국군의 참전 배경이 어떠했든 간에 더 이상 베트남 정부의 관심 사항이 아니며, 이제 양국은 과거를 잊고 절친한 친구로서 다시 태어나야 한다고 강조했다. 나도 그 말에 동의했다.

그 기회에 나는 중부지방 다섯 개 성에 대한 한국 정부의 초등학교 건설 계획을 설명하고, 재향군인회의 지원을 요청했다. 빈 상무위원은 전폭적인 환영을 표하면서, 현지 재향군인회 지부들을 동원해 모든 가능한 협조를 제공하겠다고 약속했다. 한국 대사관 답사팀이 그곳을 방문해도 불상사가 없을지 조심스럽게 문의하자 그는 현지 주민이 한국에 대해 더 이상 아무 나쁜 감정을 품지 않고 있으므로 염려할 필요 없다고 강조했다.

그는 약속을 지켰다. 우리가 중부지방의 예민하고 위험소지가 있는 지역들을 방문할 때마다 우리가 모르는 사이에 현지 재향군인회를 통해 보호조치를 취해주었다. 또한 중부지방 다섯 개 성의 재향군인회 지부들이 보유하고 있는 민간인 피해 자료를 취합해 전달해주기도 하고 긴요한 사업 대상 지역을 추천하기도 하는 등 물심양면으로 많은 도움을 주었다.

참고로 베트남 재향군인회는 모든 예비역 군인으로 구성되는 것이 아니라 외세 침략에 대한 방어전 성격의 대프랑스 전쟁, 대미 전쟁, 1979년의 대중국 전쟁 등 세 전쟁에 참전했던 군인만으로 구성된다. 전쟁에 직접 참여하지 않은 군인이나 베트남의 캄보디아 침공(1978~1989)에 참전한 군인들은 해당 사항이 없다.

이처럼 까다로운 가입 조건 때문에 재향군인회 회원은 회원이라는 사실 자체를 매우 명예롭게 생각하고 국가유공자로 대접받는다 한다. 회원 총수가 약 200만 명인 베트남 재향군인회는 공산당 조직과 마찬가지로 전국 면 단위까지 그물망 같은 산하 조직을 유지하고 있고, 공산당보다 오히려 조직이 더 방대한 베트남 최대의 전국 조직이다.

 마침내 윤곽이 잡힌 그랜드플랜

베트콩 자료 입수와 재향군인회의 협조로 사업은 급속히 추진되었다. 이제 별 어려움 없이 학교 건립 지역을 결정할 수 있었다. 먼저 총 40개의 학교를 주민 피해 정도에 비례하도록 중부지방 다섯 개 성에 배정했다. 꽝남성, 꽝응아이성, 빈딘성에 각각 열 개, 푸옌성에 여덟 개, 카인호아성에 두 개가 배정되었다. 이어서 각 성별 학교 수를 주민 피해에 비례하도록 현 단위 지역에 나누어 배정했다.

그들 현 내에서 어느 면에 학교를 건설할지는 현지 인민위

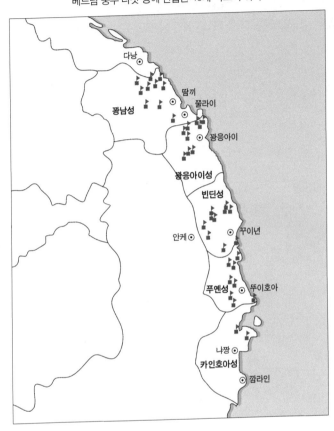

베트남 중부 다섯 성에 건립된 40개 학교의 위치

원회와 재향군인회의 권고에 따랐으나, 구체적 자료가 있는 일부 현은 면 단위까지 우리가 지정했다. 학교의 위치와 양민학살 의혹 사이의 상관관계를 조금 희석시키기 위해 과거사와 무관한 지역도 일곱 곳이 포함되었다. 최종 확정된 학교 건립 지역은 다음과 같이 5성, 20현, 40면이었다.

꽝남성 (1시 · 5현 10개 교)	디엔반현(3)	디엔즈엉면, 디엔토면, 디엔꽝면
	주이수옌현(3)	주이응이어면, 주이하이면, 주이프억면
	께썬현(1)	꾸에퐁면
	탕빈현(1)	빈즈엉면
	땀끼시(1)	땀프억면
	누이탄현(1)	땀미면
꽝응아이성 (3현 10개 교)	빈선현(4)	빈호아면, 빈탄동면, 빈쯔엉면, 빈떤면
	선띤현(4)	띤선면, 띤짜면, 띤티엔면, 띤토면
	뜨응이아현(2)	응이아선면, 응이아탕면
빈딘성 (1시 · 4현 10개 교)	떠이선현(5)	떠이안면, 떠이투언면, 빈안면, 떠이빈면 (Tay Vinh), 떠이빈면(Tay Binh)
	꾸이년시(2)	부이티쑤언면, 꽝쭝면
	뚜이푸억현(1)	프억훙면
	푸깟현(1)	깟년면
	안년현(1)	년퐁면
푸옌성 (1시 · 4현 8개 교)	송까우현(2)	쑤언호아면, 쑤언토면
	동수안현(1)	쑤언롱면
	떠이호아현(2)	호아미떠이면, 호아히엡남면
	뚜이호아시(2)	호아끼엔면, 호아딘떠이면
	뚜이안현(1)	안린면
카인호아성 (1현 2개 교)	닌호아현(2)	닌푸억면, 닌토면

공사는 예산 배정 일정을 감안해 2001년 중 청룡부대 주둔

지였던 꽝남성과 꽝응아이성에 각각 열 개씩 스무 개의 학교를 건설하고, 이듬해인 2002년에 맹호부대·백마부대 주둔지였던 빈딘성, 푸옌성, 카인호아성에 각각 열 개, 여덟 개, 두 개씩 총 스무 개의 학교를 추가 건설하기로 결정되었다.

그해 하반기에 구체적인 사업 준비를 하던 중 한 가지 추가적 어려움이 생겼는데, 이는 예산 문제였다. 200만 달러의 예산은 확보되었으나, 당초 2부제 수업을 염두에 두고 교실 네 개, 교무실 한 개로 계획했던 건물을 베트남 측의 강력한 요청에 따라 교실 여섯 개, 교무실 한 개로 늘리다 보니 처음 예상했던 5만 달러로는 공사를 담당할 업체를 구할 수가 없었다.

물론 현지 베트남 건설업체를 통해 싼 값으로 날림공사를 하는 방법은 얼마든지 있었다. 베트남 정부는 산골 벽지에 고급 건축물을 지을 필요가 없으니 건물이 좀 허름하더라도 교실 수를 최대한 많이 늘려주기를 원했다. 교무실이나 화장실도 필요 없으니 차라리 교실을 한 개라도 더 지어 달라는 요청까지 있었다. 그렇지만 사업의 상징성을 감안할 때 학교는 반드시 한국 건설업체가 양질의 한국산 자재를 사용해서 최고급으로 지어야 한다는 것이 대사관의 생각이었다.

그러나 건설회사가 상당한 적자를 볼 가능성이 있고 게다가 낯설고 비우호적인 중부지방 각지에 산재한 벽지마을 40

개소에 학교를 짓는다는 황당한 계획이었기에, 대사관으로서는 어느 한국 업체에게도 이를 강권할 수 없는 상황이었다. 더욱이 당시는 1997년의 금융위기 여파로 모든 국내 기업이 큰 어려움을 겪고 있던 시기였다.

그래서 당시 자금 사정이 비교적 양호하고 중장기적으로 베트남 사업 확장에 큰 관심을 보이고 있던 포스코개발의 하노이 지사를 상대로 애국심에 호소하는 교섭을 했다. 손해를 보더라도 사회사업 하는 정신으로, 베트남에 대한 한국민의 빚을 조금이라도 갚는다는 마음으로 사업에 참여해달라고 했다. 절대 부실공사는 안 되며 수준급 한국산 자재를 사용해서 최고급의 학교를 지어야 한다는 조건이 달려 있었다.

포스코개발 본사는 이를 기꺼이 수락했다. 얼마를 손해 보더라도 포스코의 명예를 걸고 훌륭한 학교를 건설하겠다고 약속했다. 나는 포스코개발이 이 사업을 성공적으로 완수해준다면 평생 포스코개발의 공적을 잊지 않고 칭송하겠노라 약속했다. 여기에 이 얘기를 쓰는 이유도 어쩌면 그 약속을 지키기 위한 것인지도 모른다.

이듬해 초 대사관이 실시한 공개입찰에는 예상했던 대로 다른 한국 업체들은 입찰을 포기했고 포스코개발이 사실상 단독으로 응찰했다. 그 후 건설 과정에서 몇 개 학교에 축구장 및 스탠드 건설, 놀이터 설치, 홍수방지 시설 설치 등 추가 건설 소요가 있었으나, 시공사 측은 이를 모두 무상으로 처리해주었다.

이제 남은 것은 현지답사를 하고 건물을 짓는 일뿐이었다. 이를 KOICA 실무진에 일임하고 손을 뗄 수도 있었지만, 나는 두 가지 이유에서 답사단의 단장 역할을 자원했다. 첫째 이유는 베트남전쟁 당시 한국군이 주둔했던 베트남 중부지방에 남아 있을 전쟁의 상흔과 의혹의 실체를 이 기회에 꼭 직접 둘러보고 싶었기 때문이다. 다른 한 가지 이유는, 학교 부지 선정에서 가장 중요한 판단 기준이 될 베트남 민간인 피해 관련 자료를 다른 어느 답사단원에게도 공개할 수 없었기 때문이다.

3. 금단의 땅에 발을 딛다

●

우리는 교장을 말리려 애쓰는 교사들을 오히려 만류하고

30여 분에 걸친 노인의 피맺힌 절규를 끝까지 다 들었다.

그걸 들어만 주어도 그의 수십 년 한은 거의 풀어질 것이라고 생각했다.

우리를 환영하라는 지시를 상부로부터 받았을 텐데 오죽하면

대낮부터 술을 퍼마시고 저렇게 행동할 수밖에 없을까 생각했다.

치열했던 역사의 현장에서

베트남전쟁 당시 한국군은 1964년 제1 이동외과병원과 태권도 교관단 파견에 이어 1965년 청룡부대(해병 제2여단)와 맹호부대(육군 수도사단)를 파견했고, 1966년 백마부대(육군 제9사단)를 추가로 파병했다. 그 밖에 비전투부대인 십자성부대(제100 군수사령부), 비둘기부대(건설지원단), 백구부대(해군 수송부대), 은마부대(공군 지원단) 등이 파견되었다.

1973년 철수할 때까지 8년간 연인원 31만 2,853명의 한국군이 참전하여, 대부대작전 1,174회, 소부대작전 57만 6,302회를 실시했다. 그중 전사자는 4,960명이었다. 공식 발표에 따르면 포로는 놀랍게도 아홉 명에 불과했고, 현재까지 그들

중 아무도 살아 돌아오지 못했다.

당시 북베트남과의 접경지대인 북위 17도선 비무장지대 인근과 남부의 사이공 인근 지역은 남베트남 정부군과 미군이 관할했고, 한국군은 그 중간지대인 베트남 중부지방에 주둔했다. 중간지대라고는 하나, 베트남전쟁이 기본적으로 국경이 따로 없는 내전이었고 또한 호찌민루트를 통한 북베트남 정규군의 남하가 중부지방으로 집중되었기 때문에 한국군 주둔 지역은 의문의 여지가 없는 최전방이었다.

베트남 지도를 보면 기나긴 베트남 동부 해안의 한가운데쯤에 이름이 귀에 익은 베트남 제4의 도시 다낭(Da Nang)이 있다. 다낭에서 남쪽으로 400킬로미터 정도 내려가면 냐짱(Nha Trang)이라는 도시가 나온다. 베트남전쟁 당시 우리에겐 '나트랑'이라는 영어식 발음으로 익히 알려져 있던 도시이다.

이 두 도시 사이에 다섯 개의 성이 있는데, 그곳이 바로 베트남전쟁 기간 중 한국군이 주둔했던 중부지방 다섯 개 성이다. 역사적으로는 옛 참파왕국에 속하는 영역이어서 곳곳에 힌두교 탑들이 유적으로 남아 있다.

다낭에서 해안선을 따라 남쪽으로 꽝남성, 꽝응아이성, 빈딘성, 푸옌성, 카인호아성이 한 줄로 늘어서 있고, 하노이와 호찌민을 연결하는 1번국도가 이들 다섯 개 성을 관통하고 있다. 베트남전쟁 당시 이들 다섯 개 성에는 위로부터 청룡

베트남 중부 다섯 개 성 내 한국군 주둔 지역(1965~1973)

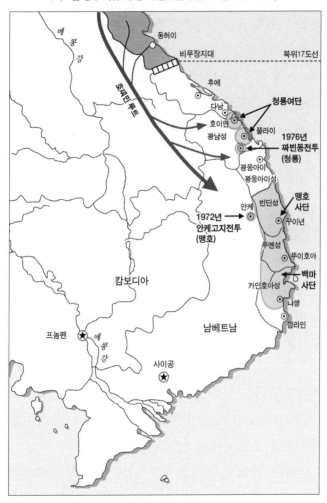

여단, 맹호사단, 백마사단이 주둔했다.

최초로 파병된 한국군 전투부대인 해병대 청룡여단은 1965년 10월 9일 중부지방 남단의 깜라인만에 주둔하다가 1966년 8월 꽝남성 남단의 쭐라이(Chu Lai)로 북상했고, 1967년 12월에 다시 꽝남성 북부 호이안(Hoi An)으로 조금 더 북상하여 1972년 2월 24일 철수할 때까지 주둔했다. 청룡부대의 북상 과정은 미 해병대와 함께 베트콩 점령 지역을 차례로 평정하면서 점차 북부로 이동해나가는 과정의 일환이었던 것으로 추정된다.

청룡부대보다 2주일 늦은 1965년 10월 22일 파병된 육군 맹호사단은 1973년 3월 7일 철수할 때까지 빈딘성 해변에 위치한 성도 꾸이년에 자리 잡고 빈딘성 전역과 푸옌성 북부지역을 관할했다. 맹호사단은 호찌민루트의 출구에 해당되는 요충지를 관할하고 있었기 때문에 빈딘성 내륙 깊숙이 연대 병력을 주둔시키고 있었다.

미국과 남베트남 정부의 추가 파병 요청에 따라 육군 백마사단은 1966년 9월 22일 파병되어 1973년 3월 11일 철수할 때까지 카인호아성 북부의 닌호아(Ninh Hoa)에 자리 잡고 푸옌성 남부 뚜이호아 지역과 카인호아성을 관할했다. 주베트남 한국군 야전사령부와 십자성부대를 포함한 비전투부대들은 대부분 카인호아성 성도인 냐짱에 주둔했다.

당시 북베트남군의 비밀 이동 루트였던 호찌민루트는 북위 17도선의 비무장지대 북부 100~200킬로미터 지점에서 출발하여 라오스 밀림지대를 경유, 한국군이 주둔했던 꽝남성, 꽝응아이성, 빈딘성, 푸옌성과 다낭 바로 북쪽의 미 해병대 관할 구역인 후에성으로 병력을 쏟아붓고 있었다. 그 때문에 이들 지역에서 북베트남군과의 전투가 가장 치열했고, 쌍방 군대의 희생자는 물론 민간인 피해도 이 지역에 집중될 수밖에 없었다.

당시 북베트남 지역에서 매년 징집연령에 도달하는 남성의 인구는 약 20만 명이었다고 한다. 이들 중 상당수가 호찌민루트를 통해 남베트남 전선으로 투입되었던 것으로 추정되고 있으니, 그 지역을 방어하던 한국군이 겪어야 했던 전투의 강도와 빈도를 미루어 짐작할 수 있다.

공식 자료에 따르면 베트남전쟁 전 기간을 통해 한국군 전투부대들의 참전 기록은 다음과 같다. 통계 수치로만 보아도 베트남전쟁 당시 한국군이 중부지방 다섯 성에서 겪어야 했던 어려운 상황을 능히 짐작할 수 있다.

다음 표의 통계 수치로 볼 때 청룡여단이 가장 소수의 인원으로 가장 치열한 전투를 치렀음을 알 수 있다. 당시 청룡여단은 겨우 6,000명 내외의 병력으로 연평균 약 2만 3,000회, 월평균 1,900회, 하루 평균 60여 회의 크고 작은 전투를 치렀

〈표〉 베트남전쟁 한국군 참전 기록

청룡부대 (해병 제2여단)	1965.10.9.~1972.2.24.
	연인원 3만 7,340명 참전 - 장교 2,166명, 사병 3만 5,174명
	대부대전투 175회, 소부대전투 15만 1,347회 참가 - 전사 1,202명, 부상 2,904명
맹호부대 (육군 수도사단)	1965.10.22.~1973.3.7.
	연인원 11만 4,902명 참전 - 장교 7,652명, 사병 10만 7,340명
	대부대전투 521회, 소부대전투 17만 4,586회 참가 - 전사 2,111명, 부상 4,474명
백마부대 (육군 제9사단)	1966.9.22.~1973.3.11.
	연인원 10만 336명 참전 - 장교 6,445명, 사병 9만 8,891명
	대부대전투 478회, 소부대전투 21만 1,236회 참가 - 전사 1,320명, 부상 2,410명

고, 참전인원의 3.2퍼센트가 전사한 것으로 나타나 있다.

한편, 북한은 1965년 수십 명의 전투기 조종사를 정비요원과 함께 북베트남에 파병했고, 조종사의 대부분이 미군과의 공중전에서 사망한 것으로 밝혀졌다.

공군참모총장을 역임했던 재향군인회 빈 상무위원의 말에 따르면, 당시 북한은 북베트남을 지원하기 위해 이들을 파견했다기보다 공중전 경험을 쌓기 위한 초보 훈련생을 파견했다는 표현이 더 정확하다고 했다. 그 때문에 북한 조종사들은 미군 전투기와의 공중전에서 피격률이 매우 높았다고 한다.

오랜 준비와 망설임 끝에 우리는 2000년 12월 19일부터 닷새 동안 청룡부대가 주둔했던 꽝남성과 꽝응아이성으로 예비답사 길에 올랐다. 대사관 유시적 서기관과 이욱헌 KOICA 하노이 사무소장, 베트남 교육부 직원 하잉, 그리고 대사관 비서인 꽝남성 출신 푸엉이 통역으로 동행한 총 다섯 명의 답사반이었다.

　　예비답사라는 명칭이 의미하듯, 그 시기의 최초 답사는 정식 부지 조사에 앞서 중부지방의 벽지마을이 대체 어떻게 생겼고 도로 사정은 어떠하며 주민의 반응은 어떤지 등을 단기간에 개략적으로 파악하기 위한 것이었다. 그 지방에 관한 어떤 구체적인 계획을 세우기에는 현지 사정에 대해 너무도 아는 것이 없었기 때문이었다. 답사 대상은 꽝남성 여덟 개 지역과 꽝응아이성 두 개 지역에 국한되었다. 답사 일정은 다음과 같았다.

　　12.19(화)　　　　하노이 출발, 다낭 도착

　　12.20(수) 09:00 꽝남성 재향군인회장 면담

　　　　　　　　10:00 꽝남성 인민위원회 부위원장 면담

　　　　　　　　11:00 학교 부지 답사(주이수옌현 1개소, 탕빈현 1개소)

　　　　　　　　18:00 꽝남성 인민위원회 부위원장 주최 만찬

　　12.21(목) 08:00 학교 부지 답사(디엔반현 3개소, 주이수옌현 2개소)

12.22(금) 09:00 학교 부지 답사(땀미현 1개소)

11:00 꽝응아이 향발

16:00 꽝응아이성 재향군인회장 면담

17:00 꽝응아이성 인민위원회 부위원장 면담

18:00 꽝응아이성 인민위원회 부위원장 주최 만찬

12.23(토) 08:00 학교 부지 답사(2개소)

13:00 다낭 향발

19:00 하노이 향발

　우리가 예비답사를 떠나기로 한 꽝남성과 꽝응아이성은 모두 과거 청룡여단 관할 구역이었다. 앞서 언급했듯이 베트남 파병 한국군 중에서 가장 치열한 전투를 겪었던 청룡여단이 주둔했던 지역이기에 전투 과정에서 베트남 민간인 피해도 그만큼 많았을 가능성이 있었다.

　청룡여단의 전투 상황에 관해서는 상세한 자료를 접할 기회가 없었으나, 베트남전쟁 당시 한국군 관할 구역을 표기한 지도들을 보면 맹호부대와 백마부대 관할 지역은 성 전체에 걸친 넓은 면적으로 표기된 반면 청룡부대 관할 지역은 사령부가 위치했던 꽝남성 호이안과 쭐라이 주변의 작은 원으로 표기되어 있다. 그것은 당시 청룡부대의 임무가 다른 한국군 부대와는 달리 이미 평정된 지역을 방어하기보다는 미평정

지역을 공격해서 장악하는 어려운 임무였다는 점을 시사한
다고 볼 수 있다.

청룡여단은 1966년 8월 꽝남성 남단의 쭐라이에 부대 사
령부가 설치된 이래로 주로 그와 인접한 꽝응아이성 북단의
빈선현과 선띤현에서 작전을 전개했고, 1967년 12월 사령부
가 꽝남성 북부의 호이안으로 이동한 이후에는 인근의 디엔
반현과 주이수옌현이 주된 활동무대였다. 그곳들은 미평정
지역이었고, 북베트남 정규군이 버젓이 사단급 또는 연대급
사령부를 설치했던 곳들이었다. 그 때문에 필연적으로 양측
간에 전투가 치열할 수밖에 없었다.

베트콩 측 기록상 청룡여단에 의한 민간인 피해는 주로 위
의 네 현에서 발생한 것으로 기술되어 있고, 따라서 우리가
학교를 지으려는 곳도 대부분 그 지역이었다. 꽝남성과 꽝응
아이성에 건설 예정인 학교 스무 개 중 70퍼센트인 열네 개
학교가 그 네 현에 배정되어 있었다.

그 지역에서 전투가 특히 치열했던 시기는 공산 측의 '구
정(舊正) 대공세'가 있었던 1968년 1월 말이었다. 당시 북베트
남군과 베트콩은 약 8만의 병력을 동원해 구정인 1월 31일을
기해 남베트남 전역에 걸쳐 100개 이상의 도시를 동시에 기
습 공격하는 대대적 공세를 폈다. 사이공 소재 미 대사관 구
내까지 베트콩이 침투해 점거를 시도하다가 하루 만에 격퇴

되기도 했다. 이 구정 대공세를 저지하고 탈환하고 소탕하는 과정에서 쌍방 모두 많은 인명 피해를 입었다.

불과 수일간 일어난 이 사태로 남베트남 전역에서 미군 1,100명, 정부군 2,300명, 민간인 1만 2,500명이 사망했고, 북베트남 정규군과 베트콩 측 사망자는 약 4만 명에 달했다. 청룡여단이 주둔했던 꽝남성도 예외는 아니어서 그 시기에 치열한 전투가 연일 계속되었고 쌍방 간에 많은 희생이 있었다. 그리고 베트콩 측 기록상 청룡여단에 의한 민간인 피해도 그 시기에 집중되어 있다.

이처럼 치열한 역사의 현장인 중부지방으로 예비답사를 떠나기에 앞서 나는 하노이의 베트남 공산당, 공안부, 재향군인회에 우리의 계획을 설명하고 필요한 신변 보호조치를 요청했다. 그래도 마음이 놓이지 않아 대사관의 베트남 비서들 중 삼촌이 꽝남성 어느 현에서 공산당 당서기를 맡고 있는 직원을 통역으로 대동했다.

항공편으로 12월 19일 다낭에 도착하니 과거 남베트남 관할하에 있던 지역이어서 그런지 하노이에 비해 도로도 넓고 건물도 번듯하고 물자도 풍성했다. 인구 약 70만 명의 대도시인 다낭에는 하노이에서 볼 수 없던 별의별 물건이 다 있었고 상당한 규모의 쇼핑몰까지 있었다.

그러나 다낭 시내를 벗어나면 사정이 전혀 달랐다. 가장 심각했던 문제는 행선지인 꽝남성 전역에 호텔이나 여관이 단 한 개도 없다는 점이었다. 다시 말해서, 돈을 받고 사람을 재워주는 제도 자체가 존재하지 않았다. 따라서 매일 차량으로 몇 시간 남하하여 꽝남성에 가서 일을 마친 후에는 다시 몇 시간 북상하여 다낭의 숙소로 돌아와야 했다.

우리는 다낭에서 지프 한 대와 미니밴 한 대를 임차하여 다음 날인 12월 20일 새벽 6시에 꽝남성 성도인 땀끼(Tam Ky)로 향했다. 꽝남성에서 직원 몇 명이 다낭까지 와서 우리를 안내했다.

하노이와 호찌민을 연결하는 1번국도로 남하해 약 세 시간 만에 땀끼에 도착했다. 우리나라 경부고속도로와 같은 중추도로인 1번국도는 왕복 2차선의 좁은 도로였고, 도로는 엉덩이가 아파 앉아 있지 못할 만큼 상태가 나빴다. 게다가 오토바이, 자전거, 우마차는 물론 소, 닭, 오리 등 온갖 종류의 동물들이 걸리적거려서 제대로 주행할 수가 없었다.

남쪽으로 내려갈수록 경제 사정이 급격히 악화되어 주택들이 형편없었다. 베트남전쟁 영화에 단골로 등장하는 밀림지대는 어디서도 찾아볼 수 없었고, 구릉지 꼭대기까지 개간해 농사를 짓고 있었다. 그 옛날 베트콩이 대체 어디에 숨어 있었나 할 정도로 지평선까지 시계가 펼쳐진 곳이 대부분이었다. 나중에 방문했던 빈딘성, 푸옌성의 내륙 지방에도 밀림은 전혀 없었다. 베트남 중부지방 전역에서 밀림은 물론, 어느 나라에나 흔히 있는 자그마한 숲조차 거의 발견할 수 없었다.

해안 쪽 토지는 거의 사막과 같이 하얀 모래가 드러나 보였다. 안내원은 꽝남성의 상당 부분이 감자밖에 농사를 지을 수 없는 사막 지대여서 중부지방에서 가장 가난한 지역 중 하나라고 소개했다. 베트남전쟁 당시 무성하던 밀림이 다 어디로 갔는지 묻자, 안내원은 미군의 고엽제 살포로 나무들이 모두 고사했다고 설명했다. 그러나 우리가 보기에는 개혁개방 정책으로 사유재산이 인정된 후 너도나도 작물 생산을 늘리기 위해 국토를 개간한 결과인 것으로 보였다.

 백발의 참전 미군들로 북적이던 다낭

꽝남성 성도 땀끼에 오전 9시경 도착해 꽝남성 재향군인회장을 찾아갔다. 꽝남성과 꽝응아이성에서 우리는 도착하는 대로 현지 재향군인회장과 먼저 만난 후 성 인민위원회를 방문했다. 그것은 현지 물정을 전혀 모르는 상황에서 유사시에 대비해 우리가 재향군인회 중앙본부의 보호하에 있다는 인식을 주변 사람들에게 심어주기 위한 조치였다.

쩐낌아인(Tran Kim Anh) 재향군인회장은 옛날 제복과 훈장을 착용하고 부하 직원들과 함께 우리를 정중히 맞이했다. 베트남전쟁 당시 꽝남성 베트콩 총사령관으로서 청룡부대와 많은 전투를 벌였다는 70대 중반의 그는 베트남전쟁 종전 후 한국인을 처음 만난다면서 동포라도 만난 듯 반가워했다.

의례적 인사가 끝나자 그는 묻지도 않았는데 최면에라도 빠진 듯 한국군과의 과거사에 대한 길고 긴 회상에 몰입했다. 대다수 베트남 고위 인사들이 그러하듯, 역사 강의라도 하듯이 혼잣말을 이어갔다. 요지는 다음과 같았다.

당시 우리의 적은 미군이었고 한국군은 우리의 적이 아니었다. 그래서 우리는 전력 손실을 피하기 위해 가급적 한국군과의 교전을 피하려 노력했다. 그러나 당시 미군이 주로 안전 지역에 주둔한 데 반해 한국군은 미군을 에워싸는 형상으로 미군과 베트콩 사이의 위험 지대에 많이 배치되었기 때문에 미군을 공격하기 위해서는 불가피하게 한국군을 먼저 공격해야만 했다.

당시 한국군은 방어가 어렵고 노출된 지역에 많이 주둔하고 있었고 전투 경험도 부족하여 희생자가 꽤 많았다. 초기에는 병사들이 무서워서 고개를 못 들고 총만 내밀고 사격하는 일이 많았기 때문에 우리의 상대가 못 되었다. 단위 부대가 몰살된 적도 몇 번 있었다.

당시 희생된 한국군 병사들에 대해 미안하게 생각한다. 한국군을 죽이는 것은 우리의 의도가 아니었다. 우리는 한국군을 공격할 아무런 이유가 없었고 단지 미군을 공격하기 위한 루트를 확보하기 위해 한국군과 싸웠을 뿐이다.

전쟁터에서는 군인과 민간인을 구분하기가 어렵고 베트남전쟁은 특히 그러했다. 때문에 많은 베트남 민간인 희생자가 발생했다. 간혹 한국군이 베트남 민간인 수백 명을 모아 놓고 집단 학살한 일도 있었다. 당시 수많은 사건이 있었으나, 과거의 일에 대해 언급하기를 원치 않는다. 미군은 한국군보다 더 많은 잔학행위를 저질렀다.

양국 간에 아픈 과거가 있었으나, 과거는 과거이므로 양국이 이를 역사에 묻고 미래를 위해 협력하기를 희망한다. 꽝남성 주민들은 더 이상 한국인에 대해 나쁜 감정을 갖고 있지 않으며 한국인과 친구가 되기를 희망한다.

당시 꽝남성 지역에서 참전했던 많은 예비역 미군 병사들이 1990년대 중반부터 옛 전적지 방문을 위해 몰려오고 있으나, 한국군 병사들은 아직 한 명도 보지 못했다. 한국 재향군인회 대표단이나 옛 청룡부대 병사들이 안심하고 꽝남성의 전적지들을 방문해주기를 바란다. 우리는 더 이상

그들을 미워하거나 원망하지 않으며 같은 재향군인으로서
그들을 진심으로 환영할 것이다.

정중하고 순박해 보이는 그의 표정 어디에서도 한국군에
대한 원망이나 증오의 빛은 찾을 수 없었다. 당시의 상황을
설명하는 그의 눈빛에는 오히려 그 옛날 베트콩에 의해 산화
된 한국군 병사들에 대한 연민과 회한의 감정이 응어리져 있
는 듯 보였다.

많은 옛 미군 병사들이 꽝남성을 방문하고 있다는 그의 말
은 사실이었다. 우리가 다낭에 체류하는 기간에도 다낭 시내
의 호텔마다 백발의 미국인들이 북적거렸다. 그들은 대부분
자녀와 손자들까지 데리고 과거 자신이 싸웠던 전적지를 찾
아온 해병대 병사들이었다.

그러나 한국 재향군인회나 한국 병사들은 두려워서인지
미안해서인지 감히 그 땅에 발을 들여놓지 못하고 있었다.
대사관에서도 감히 못 가는 지역이었으니 무리도 아닐 것이
다. 그러나 베트남전쟁의 주역이었던 미국인은 활개치고 다
니는데 유독 한국인만 아직도 과거사의 미몽에서 벗어나지
못하고 있다는 것은 뭔가 앞뒤가 맞지 않았다.

한 시간 동안 별의별 것을 다 물어본 후 면담을 마치고 일
어서자 그는 못내 아쉬운 듯 건물 현관 밖에까지 따라 나와

서 우리를 태운 지프가 사라질 때까지 손을 흔들었다. 정치는 무엇이고 이념은 무엇인가 하는 생각이 들었다. 그는 전쟁 당시에 얼마나 한국군을 증오했을 것이며, 휘하 병력을 호령해 한국군을 타도하기 위해 노심초사했을 것인가.

재향군인회장과 작별하고 꽝남성 인민위원회 청사에 가서 호티타인람(Ho Thi Thanh Lam) 부위원장과 만났다. 우리가 처음 오는 한국대표단이라서 그런지 꽤 많은 부하 직원들이 배석하고 있었다. 그녀의 인상은 무표정하고 사무적이었으며, 강인하고 매서워 보였다. 분위기를 좀 누그러뜨리기 위해 듣기 좋은 소리도 하고 농담도 시도해 보았으나 그녀는 웃지도 않았고 아무 반응이 없었다. 하는 수 없이 나도 사무적인 얘기만 했다.

나는 우리의 사업 취지를 설명하고 협조를 구했다. 그녀는 과거를 덮고 미래를 위해 협력하자는 귀에 익은 수식어를 늘어놓은 후 우리의 답사 일정과 꽝남성 측 요구 사항 등에 관해 설명했다. 중앙정부로부터 우리 대표단의 신변 안전을 위해 협조하라는 지시를 받았으나 꽝남성에는 반한감정이 전혀 없으니 안심해도 좋다고 했다.

그녀는 전쟁 당시 꽝남성의 학생이었다고 말하면서, 장래 지도자가 될 청소년들을 전쟁으로부터 보호하기 위한 북베트남 정부의 배려에 따라 밀입북해 하노이에서 대학교를 다녔다고 했다. 북베트남 정부가 전쟁의 와중에 그런 거시적인 배려까지 했었구나 하는 생각이 들었다.

 머나먼 과거로의 여행

땀끼시에서 람 부위원장과 오찬을 가진 후 곧바로 답사에 들어갔다. 성 인민위원회 직원 두세 명이 안내를 했고, 가는 곳마다 해당 현의 안내원이 중간 지점에서 합류했다. 워낙 벽지지역으로 가다 보니 현에서 나온 안내원조차 마을 위치를 찾지 못해 헤매는 일이 빈번했다. 꽝남성 내의 답사 예정지 여덟 곳 중 일곱은 서로 인접해 있었기 때문에 이틀 동안 충분히 돌아볼 수 있을 것으로 생각했으나, 답사가 시작되자마자 우리는 그것이 불가능한 탁상공론이었음을 깨달았다.

1번국도를 벗어나면 사실상 포장도로가 전혀 없어서 요철이 극심한 시골길을 뚫고 전진해야 했다. 그나마도 우기가 지난 지 얼마 되지 않아서 온통 진흙탕이었다. 거의 무릎까지 빠질 정도로 심한 수렁이 수십 미터 계속되는 곳도 더러 있었다. 지프는 그런 대로 어렵사리 움직일 수 있었지만 우리가 가져간 미니밴은 불과 몇 백 미터마다 진창에 빠져 오도 가도 못하는 처지가 되곤 했다.

웬만한 수렁은 지프에 밧줄을 연결해 밀고 끌고 해서 지나 갔지만, 두 대 모두가 수렁에 빠져 오도 가도 못하게 될 때는 동네 아이들 수십 명을 동원해 밀어내곤 했다. 차를 타고 간 시간보다는 밀고 간 시간이 훨씬 길었다. 인적 없는 곳에서 그런 일을 당했을 때는 베트남 안내원이 걸어서 인근 마을까 지 가서 마을사람들을 불러와 차를 밀어야만 했다.

또 한 가지 문제는 도시를 떠나면 식사할 곳이 아무 데도 없다는 점이었다. 돈 받고 음식을 파는 '식당'이라는 제도가 아예 존재하지 않았다. 그래서 점심식사 시간이 되면 일단 도 시나 읍내로 나와서 식사하고 다시 되돌아가야만 했다. 배를 채우는 것이 급선무였기에 음식의 질이나 위생 상태는 고려 대상도 되지 않았다.

인민위원회와 재향군인회에서는 반한감정이 없다고 자신 있게 말했지만, 막상 우리를 안내하는 인민위원회 실무자들 은 우리와 현지 주민 간의 접촉을 막기 위해 꽤나 신경을 썼 다. 차를 밀기 위해 하는 수 없이 모두 내려서 동네사람들의 조력을 받게 되었을 때 안내원은 누가 묻더라도 절대 한국 사람이라고 말해서는 안 된다고 엄중 경고했다. 그래서야 어 떻게 제대로 답사하겠느냐고 했더니, 학교 부지가 있는 마을 에는 이미 사전 조치가 되어 있어서 상관없지만 도중에 지나 가는 마을들은 위험하다고 했다.

그래서 우리는 현지 주민과 불가피하게 조우하게 될 때마다 일본 기업인 행세를 했다. 마치 위장하고 적지에 침투하듯이 다들 경계심을 늦추지 못했다. 마음은 급한데 자동차는 왜 그리도 자주 수렁에 처박혀 말썽을 부리는지 정말 죽을 노릇이었다.

가장 어려웠던 시기는 동네 한가운데서 차가 진창에 틀어박혀 거의 한 시간 동안 차 밖에서 서성거려야 했을 때였다. 날이 이미 어둑어둑해지던 시점이라 위기감은 더했다. 한가한 동네사람 수십 명이 나와서 우리를 에워싸고 말없이 노려보듯 쳐다보는데, 한국 사람이라는 것이 탄로 날까 봐 우리도 인민위원회 안내원들도 진땀을 흘렸다.

첫날 답사에 일곱 시간 이상을 소요했는데 도로 사정으로 겨우 두 군데밖에 답사를 할 수 없었다. 두 번째로 답사한 탕빈현의 빈즈엉면은 20킬로미터도 안 되는 거리였지만, 무려 세 시간 이상이 걸려 해가 완전히 진 다음에야 도착했다. 하노이에서 막연히 생각했던 '벽지마을'이 어떤 곳인지 뼈저리게 실감했다.

대체 이런 곳에 어떻게 대형 트럭을 들여보내 자재를 실어 나르고 공사를 할 것인가 생각하니 눈앞이 캄캄했다. 이런 곳에서 공사를 해줄 건설회사를 과연 구할 수 있을지도 걱정스러웠다. 한 군데도 아니고 40군데나 되는 곳에서 말이다.

당초 하노이 교육부에서는 일본 정부가 이미 중부지방에 많은 초등학교를 건설했기 때문에 더 이상 추가 소요가 없다고 했었으나 현실은 딴판이었다. 일본이 지은 초등학교는 모두 3층 규모의 대형 건물이었고, 해안가 1번국도변 인구 밀집지에 건설되어 있었다. 거기서 차로 몇 시간을 들어가야 하는 벽지마을의 가난한 주민에게 그 학교들은 아무 의미가 없었다.

벽지마을의 학교 사정은 입에 담을 수 없을 만큼 참담했다. 대부분 30년은 족히 된 건물들이었다. 기와를 떠받치고 있는 나무가 썩어 언제 무너져 내릴지 모르는 상황이었고, 시멘트로 된 교실 바닥은 군데군데 깊은 구멍이 패여 있었다. 교무실은 대나무를 얼기설기 엮어 지붕을 얹은 후 비닐로 덮은 창고 같은 곳이었고 가구라고는 회의탁자 한 개만 덜렁 놓여 있었다. 1,000~2,000명 규모 학교에 문도 천정도 없는 화장실이 한두 개뿐이었고, 그런 화장실조차 아예 없는 곳도 많았다.

교실에는 선풍기는 물론 전등조차 있는 곳이 없었다. 칠판은 벽에 시멘트를 바르고 그 위에 검정 페인트를 칠한 것이 전부였다. 그나마도 교실이 턱없이 부족하여 2부제 수업을 하기에도 모자랐다. 더욱이 학교의 상당 부분은 홍수만 나면 물에 잠기는 곳이었다. 교실 외벽에는 사람 키 높이에 수마가 할퀴고 간 흔적이 선명했다. 그나마 그런 학교라도 마을에 있는 학생은 행복한 편이었다.

눈물이 앞을 가렸고 이내 분노가 치밀었다. 하노이의 깨끗한 사무실에 앉아 "중부지방에는 학교가 더 이상 필요 없다"라고 우기던 교육부 직원들은 대체 이런 곳에 한 번이라도 와 본 적이나 있을까.

한국이 1960년대 초 찢어지게 가난했던 시절에도 학교가 이렇지는 않았다. 화장실은 물론 형광등도 있었고 난로도 있었다. 교무실에는 모든 교사가 책상을 하나씩 차지하고 위엄 있게 앉아 있곤 했다. 낡아서 삐걱거리기는 해도 마루가 곱게 깔린 복도가 있었고 거기에 양초를 발라 반들반들 윤을 내곤 했었다.

학교 교장들은 학교를 무상으로 지어 준다는 소식에 큰 기대를 걸고, 동정심에 호소하기 위해 교직원과 학생들을 주말과 방과 후에도 전원 대기시켜두고 있었다. 우리가 도착하자 소리 높이 책을 낭독하며 수업하는 시늉을 했다. 대부분 여성인 교사들은 손님이 온다고 모두 예쁜 아오자이를 입고 있었으나, 학생들은 낡고 더러운 옷에 맨발이 태반이었다.

우리가 교실 여섯 개, 교무실, 화장실을 갖춘 신축 도면을 제시하자 교장들의 반응은 한결같았다. 교무실도 필요 없고 화장실도 필요 없고 현대식 건물도 필요 없으니 차라리 그

돈으로 교실을 한 개라도 더 지어달라고 간청했다.

그런 광경을 보면서 마음속엔 오직 한 가지 생각뿐이었다. 무슨 일이 있어도 이 벽촌 구석에 제대로 된 현대식 학교를 짓자. 한국인 외에는 누구도 엄두조차 못 낼 이 험준한 산골에 대한민국 정부와 국민의 이름이 새겨진 학교를 짓자. 그리하여 앞으로 최소한 수십 년간 주민들이 한국인의 우정을 기억하고 전쟁의 아픈 상처를 잊도록 하자.

 하미마을의 끔찍한 위령비

첫날 답사를 마치고 험한 길을 서너 시간 달려 밤늦게 다낭의 호텔로 돌아왔다. 그날 내내 애를 먹였던 미니밴으로는 답사를 계속하기가 불가능하리라는 판단이 들어 밤중에 지프로 교체했다. 다낭 시내 전체에 단 네 대밖에 없는 지프가 이미 동이 난 관계로 수백 킬로미터 떨어진 다른 성에 있는 차를 임차해 밤새 이동시켜 와야 했다.

다음 날인 12월 21일 다시 꽝남성으로 내려갔을 때는 첫날의 시행착오를 거울삼아 새벽 일찍부터 무리를 해서 다섯 군데나 답사했다. 시간이 되는 대로 일부만 답사하려 했으나, 성 인민위원회 안내원들은 각 마을마다 큰 기대를 걸고 상당한 준비를 했으니 그들이 실망하지 않도록 예정된 마을 모두 답사할 것을 간청했다. 그래서 식사시간이나 취침시간을 희생해서라도 당초 계획했던 마을을 모두 답사하기로 했다.

그 때문에 우리는 극도로 시간에 쫓기는 상황이 되었다. 대부분의 마을에서는 식사나 엽차라도 함께하기를 희망했고, 나도 그들과 대화해보고 싶은 마음이 굴뚝같았다. 그러나 일정상 도저히 시간을 지체할 수 없어 아쉽지만 그들의 호의를 사양할 수밖에 없었다. 그것이 못내 아쉬웠다.

그날 맨 처음 간 곳은 다낭에서 가장 가깝고 약 한 시간 떨어진 디엔반현 디엔즈엉면이었다. 디엔즈엉면은 국내 모 언론사의 양민학살 의혹 보도 때 수없이 듣고 또 들은 이름이었다. 보도에 따르면 하루 사이에 135명의 주민이 한국군에게 죽음을 당했다고 한다. 그래서 우리는 그곳에 도착하기 전에 마음가짐을 새로이 해야 했다.

학교에 도착하니 티셔츠와 샌들 차림의 응우옌반하이(Nguyen Van Hai) 디엔즈엉면 인민위원장이 한 무리의 사람들을 이끌고 나타났다. 학교 현황을 파악하고 측량 등을 하는 동안 100명 이상의 교직원, 주민, 학생이 우리를 졸졸 따라다녔다. 영어가 안 통하니 대화할 수도 없었지만, 그들은 말없이 무표정하게 그저 우리를 빤히 쳐다보기만 했다.

우리는 기분이 을씨년스러워서 속히 그곳을 벗어나고 싶

꽝남성 디엔반현 디엔즈엉면 소재 청룡부대 기지 유적지
좌측 상단 사진은 위병소 건물이고, 우측 하단 사진은 폐허화된 청룡부대 절터이다.

은 심정이었다. 하이 인민위원장은 무뚝뚝하기는 했으나 시
원시원하고 좋은 사람이었다. 일을 마치자 하이 위원장은 바
로 인근에 옛 청룡부대 기지가 있으니 가보지 않겠느냐고 제
의했다.

몇백 미터 떨어진 곳에 중대본부 정도로 보이는 폐허화된
기지가 있었다. 위병소는 반파(半破)되어 있었으나 나머지 건
물은 그런 대로 원형을 보존하고 있었다. 불상을 모셨던 절
은 불상 좌대만 남아 있었다.

우리가 그곳에 도착한 직후부터 마을에서 벙어리에 절름 거리기까지 하는 중년 남자가 나타나 우리를 집요하게 따라다니면서 수화로 말을 걸어왔다. 처음에는 기분이 섬뜩하여 피해 다니다가 나중에 통역을 시켜 손짓발짓으로 해독하고 보니 "내가 어렸을 때 청룡부대가 이곳에 주둔했다. 나는 모든 것을 다 보았고 다 알고 있다. 저쪽에 부대 훈련장이 있었고 저쪽에서 마을 사람들이 죽었다"라는 등의 얘기였다.

어떻게 반응을 보여야 하는지 몰라 난처해하고 있는데 하이 위원장이 끼어들어 우리를 갈라놓았다. 그는 어느 한국 재향군인단체의 자금 지원으로 최근 새로 건립한 위령비가 인근에 있으니 보러 가자고 했다. 처음 듣는 일이라 궁금하기도 해서 따라갔다.

그곳에서 1킬로미터 정도 가자 텅 빈 평원이 나오고 그 한가운데 외로이 선 거대한 위령비가 눈에 들어왔다. 과거 그곳에 '하미'라는 마을이 있었으나 한국군에 의해 주민 대부분이 같은 날 한꺼번에 죽어 마을이 통째로 사라졌다고 했다.

몇만 달러가 소요되었다는 위령비에는 청룡부대를 상징하는 용무늬 기와지붕 아래로 커다란 향로와 비석이 서 있었다. 분향을 하고 비문을 읽어보니 "1968년 1월 24일 청룡부대가 학살한 하미마을 주민"이라는 제목 아래 135명의 명단이 사망 당시의 나이와 함께 기록되어 있었다. 유해들은 위령비

꽝남성 디엔반현 디엔즈엉면 하미마을의 위령비
어느 한국 재항군인단체의 지원금으로 건설했다는 위령비의 내용은 정말 끔찍했다.

부지 내에 묻혀 있었다.

비석 뒷면에는 장문의 추도문이 새겨져 있었다. 대사관 통역 푸엉을 불러 무슨 내용인지 읽어 보라고 했더니, 앞부분을 조금 번역하다 말고는 문장이 서사시와 같은 옛날 문체라 어려워서 번역을 못하겠다고 했다. 영어를 곧잘 하는 교육부 직원 하잉에게 번역을 부탁했더니 마찬가지로 앞부분을 조금 번역하다가 어렵다고 포기를 했다.

하는 수 없이 비문을 사진으로 찍어 하노이에 와서 번역을 했다. 하노이에 돌아와 대사관의 한국인 통역에게 부탁했더니 그리 어렵지 않게 번역했다. 내용을 읽고 보니 동행했던 베트남인들이 어려워서 번역 못한다고 거짓말한 이유가 자명해졌다. "위령곡"이라는 제목의 그 비문 내용은 아주 끔찍했다.

디엔즈엉은 과거 강과 바다가 있던 곳으로, 신성한 이곳에서 락과 홍의 자손이 호앙선 산맥을 넘어 남쪽으로 땅을 열고 500년 전 나라를 세웠다.

사람들은 하미, 하깡, 하방, 하록, 지아록 등 마을을 세웠고, 예로부터 평화롭게 살면서 농사를 짓고 고기를 잡으며 사는 조용하고 평화로운 땅이었다.

먹구름과 천둥, 번개가 치고 적이 마구 몰려와 평탄한 땅에 파도를 일으키고 마을 사람을 한데 모아 마을을 버리게 하고 고향을 버리게 했다. 칼로 끊는 듯한, 내장이 찢기는 아픔으로 주민들은 땅을 잃고 강을 잃고 바다를 잃고 농사일을 잃고 낚시 일을 잃었다.

악독하고 끔찍하여라. 떨어진 목에서 흐르는 피, 수많은 경악으로 야자수 숲은 마른 머리카락이 떨어지듯 흩날리고 강은 휘어져 돌고 눈물은 고여서 늪이 되고 만이 된다.

부연하자면, 거기에는 단두대가 있었고 교회는 갑자기

잿더미가 되었고 하지아 숲은 마른 뼈들로 흰색이 되었고
케롱 해변에는 시체가 쌓여 있었다.

1968년 이른 봄, 정월 스물넷째 날 청룡부대 군인들이 갑
자기 나타나 양민들을 미친 듯이 흉폭하게 학살했다. 하미
마을 30개의 가옥은 불에 타고 135명 주민의 시체는 산산이
흩어지고 태워졌다. 그 지역은 붉은 피로 덮였고 모래는 뼈
와 섞이고 집들은 사람과 함께 태워졌다. 탄 고기와 비린 피
를 탐하는 개미들, 화염이 지나간 후 더욱 짙어진 어둠을 생
각한다.

늙은 어머니와 병든 아버지가 툇마루에 머리를 떨구고
쓰러져 있는 것보다 더 슬픈 것이 있겠는가.

아이들이 신음하고 시체가 서로 포개져 쌓여 있다. 아직
도 죽은 사람의 피가 말라서 고여 있고 아이는 죽은 엄마 배
위에서 다 떨어진 젖을 찾는다. 어린아이는 입술이 없어져
서 목이 말라도 물을 마실 수가 없다.

더 처참한 것은 그 후에 탱크가 무덤들을 짓뭉갠 것이다.
악마의 그림자가 드리워진 대지 위의 메마른 뼈에는 무고
한 영혼의 외침이 푸른 하늘에 울려 퍼진다.

하늘은 어두울 때도 밝을 때도 있는 법. 지난 25년간 고향
은 평화롭게 다시 세워지고 디엔즈엉 땅은 다시 비옥해지
고 감자와 쌀이 잘 자라고 강의 색도 좋아져 물고기와 새우

도 많다. 당이 갈 길을 인도하여 거친 땅을 개간했다. 과거 전쟁터의 아픔도 줄었다.

이 깊은 상처를 남긴 그때의 한국인은 지금 찾아와 용서를 구했다. 그리하여 용서 위에 비석을 세우고 인도적으로 고향 발전을 위한 협력의 길을 열고 있다.

모래와 소나무는 하미 학살을 기억하기 위함이다. 향불은 저 세상의 영혼을 달래기 위함이다. 천년의 흰 구름은 마을의 번영과 평안을 기원한다.

2000년 8월 경진년 가을
디엔즈엉 당, 정부, 주민

 한 노인의 피맺힌 독백

그곳 답사를 마치고 인접한 주이수옌현의 주이하이면으로 향했다. 그곳은 전날 세 시간 걸려서 도착했던 마을에서 다시 한참을 들어가야 하므로 육로로는 답사가 불가능하다는 결론에 도달했다.

그런데 다행히 그 마을은 강가에 인접해 있었다. 우리는

꽝남성 주이하이면 예비조사 시 나룻배를 타고 강을 건너는 모습
뒤편에 보이는 초라한 마을 상점이 그들의 어려운 생활상을 말해준다.

궁리 끝에 금방이라도 가라앉을 듯한 낡은 나룻배를 하나 빌려 강을 타고 내려간 다음 그곳에서 동네 오토바이 여러 대를 빌려 타고 주이하이면 학교 부지로 갔다. 오토바이 뒤에 처음 매달려 보는데다가, 요철이 심하고 빗물이 흥건히 고인 비포장 길이어서 스릴 만점이었다.

수십 년 만에 나룻배를 탄 데 대한 흐뭇한 기억을 되씹으며 오토바이에서 내리는데, 한 중년 남자가 험상궂은 얼굴로 달려오더니 자기 가슴에 난 끔찍한 흉터를 내보이며 금방이라도 덤벼들 듯 뭐라고 마구 소리를 질러댔다. 주변은 온통 마을 사람들로 둘러싸여 있었는데, 만일 그가 폭력이라도 휘두른다면 어떻게 대응해야 할지 순간적으로 꽤 고심했다. 키가 작고 왜소해 공격을 제압하는 것은 별 문제가 없어 보였지만, 그것이 초래할 후과를 상상하기 어려웠다.

긴장이 급속히 고조되어가는데, 다행히 그곳 인민위원회 책임자가 황급히 달려오더니 소리를 지르며 그를 쫓아버렸다. 그 마을은 베트콩 측 기록상 1968년 양민학살이 발생한 곳이었다. 혹시 무슨 불상사가 생길까 우려되어 그러는지, 인민위원회 측에서 열 명이 넘는 많은 직원이 나와서 답사가 끝날 때까지 우리를 계속 따라다녔다.

그곳에서 일을 마치고 다시 배를 타고 읍내로 나와 허름한 식당에서 끼니를 때우고, 강행군으로 마을 세 군데를 더 방문했다. 시간이 워낙 촉박해 한 군데서 잠시밖에 머무르지 못했고 마을 인민위원회로부터 물 한 모금 얻어 마실 시간도 없었다. 물론 마을사람들과 대화를 가질 기회도 없었다.

다음 날인 12월 22일에는 꽝응아이성으로 이동하는 길목에 위치한 땀끼시 땀프억면의 어느 초등학교를 아침 일찍 방문했다. 고령의 교장은 맨 정신으로는 우리를 만나기가 어려웠는지, 아침부터 거의 인사불성으로 만취된 상태에서 우리를 맞이했다.

교장은 허물어져 가는 교무실에서 우리를 맞는 자리에서 한국이 베트남에서 행한 죄상을 장시간에 걸쳐 조목조목 열거하면서 엄히 꾸짖었다. 교사들이 나서서 만류했으나 그는 고집불통이었다. 교사들은 행여 우리가 화를 내고 가 버리지나 않을까 해서 어쩔 줄 몰라 했다.

우리는 교장을 말리려 애쓰는 교사들을 오히려 만류하고 30여 분 동안 노인의 피맺힌 절규를 들었다. 이야기를 들어만 주어도 그의 수십 년 한이 조금이나마 풀어질 것이라고 생각했다. 우리를 환영하라는 지시를 상부로부터 받았을 텐데 오죽하면 아침부터 술을 마시고 저렇게 행동할 수밖에 없을까 생각했다. 연설이 끝나자 그는 기진맥진하여 교사들의 부축을 받으며 자리를 떴다.

교사들은 몸 둘 바를 몰라 했다. 그들을 향해 나도 베트남식으로 연설을 했다. "양국 간의 불행했던 과거를 유감스럽게 생각한다. 그러나 오늘 우리는 적이 아니라 친구로서 이곳에 왔다. 우리는 과거의 잘못을 보상하고자 학교를 짓는 것이 아니며, 친구의 어려움을 도와주기 위해 이곳에 온 것이다. 당신들도 앞으로는 우리를 친구로 생각해주기 바란다"라는 요지였다. 우리는 이듬해에도 땀프억 마을을 두 차례 더 방문했으나 그 교장의 얼굴은 끝내 다시 볼 수 없었다.

무상한 세월이 흐르는 쭐라이 해안

그날 꽝남성에서의 일정을 마치고 다음 행선지인 꽝응아이성을 향해 남쪽으로 이동하던 중 과거 청룡부대와 미 해병대 본부가 주둔했던 쭐라이 항구가 시야에 들어왔다. 폐허화된 부대 건물들이 수백 미터에 걸쳐 유령 도시처럼 남아 있었다. 반가운 마음에 들어가 보고자 했으나 군부대의 사전 허가를 받아야 한다고 해서 아쉽지만 포기했다. 안내원의 말로는 공항과 산업단지 조성을 위해 곧 건물을 모두 철거할 예정이라고 했다.

지금은 폐쇄되고 없지만, 베트남전쟁 당시 쭐라이에는 군 사용 공항이 있었다고 한다. 1967년 2월 15일 꽝응아이성에 주둔하던 북베트남 정규군 2개 대대와 베트콩 1개 대대로 구성된 병력이 공항을 점령하기 위해 진군하던 중 길목을 가로막고 있던 청룡부대 1개 중대를 포위 공격했다. 이것이 한국군의 베트남전쟁 참전사에 기록된 3대 전투 중 하나인 '짜빈동 전투'이다.

2,400명의 북베트남군은 새벽 4시부터 네 시간여 동안 불과 294명의 청룡부대를 상대로 맹렬한 공격을 퍼부었으나, 한국군은 악천후로 공중지원도 못 받는 상황에서 필사적으로 저항했다. 결국 북베트남군은 243명의 전사자를 남긴 채

퇴각했다. 청룡부대의 피해는 전사 15명, 부상 33명이었다.

이 전투는 베트남전쟁 참전 초기에 한국군의 전투력을 널리 알리는 계기가 되었다. 당시 한국 정부는 이 전투에 참여한 부대원 전원에게 일계급 특진이라는 파격적인 영예를 수여했다. 전 부대원의 일계급 특진은 대한민국 건군 이후 두 번째, 한국전쟁 종전 이후 처음 있는 일이었다.

어차피 점심식사 시간이 지나고 있었으므로 우리는 쭐라이 방문 기념으로 그곳에서 식사를 해결하기로 했다. 마을에는 식당이 없었으나, 1번국도에서 벗어나서 사막처럼 모래밭이 끝없이 펼쳐진 황무지를 지나 계속 바닷가로 갔더니 조그만 해변이 나타났고 해변을 따라 한국의 포장마차처럼 생긴 식당들이 몇 개 있었다.

특별히 음식이라 할 것은 없었고 생선, 오징어, 조개, 새우 등 해산물을 그냥 물에 삶은 후 '느억맘'이라는 베트남 간장에 찍어 밥과 함께 먹는 것이 전부였다. 식사라기보다는 배를 채운다는 표현이 더 적합했다. 훗날 꽝응아이성에 다시 갔을 때에도 식사할 곳이 마땅치 않으면 매번 그곳을 찾았다.

그곳에서 다시 남쪽으로 두 시간쯤 이동해 다음 목적지인 꽝응아이성 성도 꽝응아이시에 도착했다. 우리가 찾아간 숙소는 시골답지 않게 넓은 강이 내려다보이는 7~8층 규모의 전망 좋은 호텔이었다. 다낭시의 호텔보다 오히려 번듯했다.

호텔에 도착하니 성 인민위원회 사람들이 이미 기다리고 있었다. 우리는 꽝남성에서 했던 것처럼 꽝응아이성 재향군인회장을 먼저 방문했다. 그 역시 베트남전쟁 기간 중 꽝응아이성에서 베트콩 총사령관을 역임한 노인이었는데, 휘하에 약 5,000명의 베트콩 정규군을 거느리고 있었다고 한다. 당시 상황에 관해 묻자 그는 이렇게 말했다.

베트남전쟁 당시 한국군에 의한 심각한 민간인 집단학살이 있었으며 빈호아면에서는 한국군에 의해 마을 전체가 하루 사이에 소멸되기도 했다. 그러나 이는 극소수 예외적인 한국군 병사들의 행위에 불과했고, 그들도 아마 지금은 후회하고 있을 것이다.

주민들은 침략자에 대한 반감을 오래 간직하고 있었으나, 베트남의 대외 개방 이후 인식이 변화되어 이제는 더 이상 반감을 갖고 있지 않다. 꽝응아이성 주민들은 홍수 피해 지원 등 꽝응아이성에 대한 한국 정부의 인도적 지원을 높이 평가하고 있다.

베트남인들은 한국이 베트남과 유사한 외세 침략과 식민 지배의 아픈 역사를 공유하고 있다는 사실을 잘 알고 있다. 과거사 극복의 차원에서 한국 재향군인회 대표단이 조만간 꽝응아이성을 방문해주기를 희망한다.

그와 면담한 후 꽝응아이성 인민위원회 딘민화이(Dinh Minh Hoai) 부위원장과 면담하고 만찬을 가졌다. 그녀는 꽝남성 람 부위원장과는 대조적으로 무척 상냥했고 우리의 지원을 조금이라도 더 받고자 최선을 다하는 기색이 역력했다. 그녀는 과거사에 관해 전혀 언급하지 않았고, 꽝응아이성에 대한 우리 정부의 지원 필요성을 집중 거론했다.

다음 날인 12월 23일 우리는 꽝응아이시 인근의 학교 부지 두 곳을 답사했다. 학교나 도로 사정은 꽝남성과 유사했으나, 주민의 경제 사정은 꽝남성보다 다소 좋아 보였다. 대규모 새우 양식으로 상당한 외화를 벌어들이고 있기 때문이라고 안내원이 설명해주었다. 성 지도부의 탁견 때문인지, 꽝응아이성은 일찍부터 경제 발전에 눈을 돌려 외국인 투자 유치와 이를 위한 공항·항만 개설에 열을 올리고 있었다.

우리는 답사를 마치고 1번국도로 네다섯 시간 북상해 다낭을 거쳐 항공편으로 하노이에 복귀했다. 비록 고생은 했으나 금단의 지역인 중부지방으로의 최초 여행을 무사히 다녀왔다는 생각에 모두들 가슴이 뿌듯했다.

이듬해인 2001년 1월 초 나는 신년인사를 겸해 공산당 대외위원회와 교육과학위원회, 외교부, 공안부, 교육부, 재향군인회 등을 방문해 중부지방 답사 결과를 설명했다. 몇 지역에서 발생할 뻔했던 불상사에 관해서도 무용담 삼아 얘기했다.

꽝남성 디엔즈엉면에서 본 끔찍한 위령비 얘기도 했는데, 그에 대한 하노이 고위 관리들의 반응은 생각보다 심각했다. 중앙에서는 그런 위령비의 존재 자체에 대해 전혀 모르고 있었다고 하면서, 당과 정부가 한국과의 미래지향적 협력을 강조하는 마당에 대체 누가 정부도 모르게 그런 위령비를 새로 건립했느냐는 것이었다.

얼마 후에 파악된 내용이지만, 사실 그 위령비는 한국의 어느 재향군인 단체가 몇만 달러를 들여 건립한 것이었다. 그 사람들이 단체로 현지를 방문해 준공식까지 했다는데, 대체 그들은 위령비 문구를 한 번 읽어 보기라도 한 것인지 의아스러웠다.

공산당 대외위원회 간부들은 그 위령비 문구에 대한 우리 대사관의 견해를 물었다. 나는 과거의 원한을 길이 새기고자 하는 그 문구의 취지가 과거사 문제에 관한 베트남 공산당과 정부의 정책에 부합되지 않는 것으로 본다고 대답했다. 그들도 그 말에 동의했다. 그들은 현지 인민위원회를 통해 배경조사를 한 후 필요한 조치를 취하겠다고 말했다. 나도 그 원한 맺힌 문구는 반드시 수정되어야 한다고 생각했다.

그 후 중앙당에서는 위령비 문구를 수정하라는 지시를 꽝

남성에 시달했고, 재향군인회 본부는 꽝남성 재향군인회장
이 직접 디엔즈엉을 방문해 위령비 문구 변경과 관련해 주민
들을 설득할 예정이라고 알려왔다.

4. 다시 찾아간
과거사의 심연

●

그 순간 나는 온몸의 피가 몸에서 빠져나가는 듯한 현기증을 느꼈다.

마당 한가운데, 즉 우리 바로 앞 십여 미터 거리에

뭔가 위령비같이 생긴 것이 세워져 있었다.

예감이 아주 좋지 않았다.

설마. '하느님, 제발 이곳만은 안 됩니다'라고 마음속으로 외쳤다.

과거의 늪에서 맞은 새 밀레니엄

바깥세계에서 새 밀레니엄이 시작된 2001년 벽두에 나는 공식 부지조사단을 인솔하고 2월 19일부터 9일간 청룡부대 주둔 지역이었던 꽝남성과 꽝응아이성을 다시 방문했다. 21세기를 맞이한 세계는 요란스런 구호와 행사들 속에 미래를 향한 전진을 외치고 있었지만, 나는 그와 반대로 점점 과거의 늪으로 깊이 빠져들고 있었다.

두 성의 답사를 위해 구성된 부지조사단은 KOICA 하노이 사무소의 이욱헌 소장 외에 KOICA 본부의 안동원 부장과 신명섭 대리, '엄&이 설계사무소'의 김종민 부장, 포스코개발의 베트남 현지법인 포스릴라마(Poslilama)의 이주학 과장, 베트남 교육부 직원 세 명, 대사관 통역 두 명 등이 포함된 열한 명의 대규모 대표단이었다. 현지 인민위원회의 안내원까지 포함하면 거의 스무 명에 이르는 인원이었다.

불과 7일 동안 두 성의 학교 건립 후보지 20개소를 모두 방문하고 측량과 더불어 최종 건설 계획까지 확정하는 것이 임무였기에 시간이 꽤 빠듯했다. 그래서 토요일과 일요일에도 쉬지 못하고 답사를 강행해야 했다. 일정은 다음과 같았다.

2.19(월)　　　하노이 출발, 다낭 도착

2.20(화)　09:00 다낭 출발

　　　　　　13:30 꽝남성 성도 땀끼 도착

　　　　　　13:30 꽝남성 재향군인회 방문

　　　　　　14:00 꽝남성 인민위원회 방문

　　　　　　15:00 학교 부지 1곳 답사(땀끼 인근)

2.21(수)　09:00 학교 부지 3곳 답사(주이수옌현 및 인근)

2.22(목)　09:00 학교 부지 4곳 답사(디엔반현, 주이수옌현)

2.23(금)　09:00 학교 부지 2곳 답사(땀끼 인근)

　　　　　　15:00 꽝응아이성 성도 꽝응아이시로 이동

2.24(토)　09:00 학교 부지 3곳 답사(꽝응아이성 산악지방)

2.25(일)　09:00 학교 부지 4곳 답사(빈선현)

2.26(월)　09:00 학교 부지 4곳 답사(선띤현)

17:30 꽝응아이성 인민위원회 방문

2.27(화) 15:00 다낭 도착

21:00 하노이 도착

부지 조사를 떠나기에 앞서 확정한 사업 계획에 따르면, 5월 말에 학교 스무 곳을 동시에 착공하도록 되어 있었다. 중부지방의 우기가 시작되는 9월 초 이후에는 공사가 어렵기 때문에 3개월 내에 모든 학교를 동시에 완공해야만 했다. 열악한 도로 사정에 따른 수송상의 어려움, 벽지 지역에 산재한 공사 현장, 현지 반한감정에 따른 잠재적 위험성 등을 감안할 때 한국인이 아니고는 상상도 못할 무리한 계획이었다.

우리와 동반한 포스코개발의 이주학 과장은 "상부 지시가 있으니 일단 최선을 다하겠지만, 그게 어떻게 물리적으로 가능한 일이냐"라고 하면서 기가 막힌다는 표정이었다. 그러나 몇 군데 마을을 둘러보고 참담한 현지 사정을 목격한 후에는 "목숨 걸고 임무를 완수하겠다"라며 결의를 다졌다.

실제로 그는 3개월의 공사 기간 중 집에도 못 가고 공사 현장에 묻혀 원주민처럼 지내면서 '목숨 걸고' 한 치의 차질도 없이 공사를 완료했다. 나중에 준공식을 위해 꽝남성에 갔을 때 얼굴이 새까맣게 타고 수염이 10여 센티미터나 자란 남루한 모습의 그를 나는 알아보지 못할 뻔했다.

우리는 꽝남성과 꽝응아이성에서 각각 4일씩 체류했는데, 지난번과 달리 체류 기간이 길어지자 가장 큰 애로 사항은 음식이었다. 마을 단위에는 식당이 전혀 없었고, 읍내까지 나와서 식사를 하더라도 음식이 입에 안 맞고 매우 불결했다.

다행히 시행착오를 거친 후 우리는 한 가지 방안을 찾아냈다. 식사 때가 되면 무조건 차를 동쪽으로 달려 해안가로 갔다. 거기엔 중부지방 특산물인 새우와 오징어가 비교적 풍성하여 거의 매일 그것들을 삶아 베트남 간장에 찍어 먹으며 끼니를 때웠다.

그런데 며칠이 지나자 중앙의 지시라도 받았는지 가는 곳마다 일제히 현지 인민위원장은 물론 당서기까지 나와서 우리를 맞아주었고, 점심때가 되면 거의 어김없이 식사에 초청해주었다. 불과 두 달 전의 제1차 방문 때에 비하면 커다란 분위기 변화였다. 물론 식당이 없었으므로 그들이 내는 식사는 주로 동네 구멍가게 같은 곳에서 바닥에 교자상같이 나지막한 상을 펴고 옹기종기 둘러앉아 음식을 먹는 것이었지만, 그래도 한결 살 것 같았다.

공산당 서기까지 나서자 우리에 대한 마을사람들의 시각도 조금씩 변하는 것 같았다. 과거에는 가는 곳마다 험상궂게 생긴 주민들이 몰려나와 우리를 둘러싸고 무표정하게 노려보는 바람에 내내 기분이 꺼림칙했는데, 이제는 아이들까지 온 동네 사람이 몰려나와 자기들끼리 시시덕거리기도 하고 가끔 무엇을 묻기도 했다. 아이들은 외국인이 찾아온 것이 마냥 신기하여 우리 주변을 뱅뱅 돌면서 장난을 치기도 했다. 이 정도면 반한감정이 공사 진행에 방해되지는 않으리라는 느낌이 들었다. 물론 베트콩의 기록에서 민간인 피해가 심각했던 것으로 기술된 마을들은 분위기가 상당히 달랐다.

우리는 2월 20일 다낭을 떠나 꽝남성에 도착하자마자 전례에 따라 아인 재향군인회장을 먼저 방문한 후 인민위원회의 람 부위원장과 만났다. 그들은 묻지도 않았는데 지난번 사전 답사 시 발견한 디엔즈엉면의 위령비 문구 문제를 제기했다.

그들은 자신들도 그러한 위령비의 존재를 전혀 몰랐으며, 문구 내용이 베트남 정부의 과거사 관련 정책과 합치되지 않는다는 점을 인정했다. 다만 베트남의 정치체제상 문구를 변경하려면 주민의 동의가 필요하기 때문에 좀 더 시간이 걸린다고 양해를 구했다. 말하는 투로 보아 그들은 중앙정부로부터 상당한 압력을 받고 있는 듯했다.

그날 오후부터 답사한 꽝남성의 학교 부지 열 곳은 대부분 두 달 전에 예비 답사한 곳이었으므로 모두 별다른 문제가 없었다. 각 마을 인민위원장과 교장들도 두 번째 만나는 우리에게 상당한 친숙함과 신뢰감을 표시했다. 안내원의 말로는 꽝남성이 베트남전쟁 당시 피해가 컸던 지역이기는 하나 대도시인 다낭과 인접한 관계로 성 지도부나 주민들이 비교적 개방되어 있는 곳이라고 했다.

부지 조사차 2월 22일 디엔즈엉면을 다시 찾았을 때 하이 인민위원장은 구면이라고 꽤 반갑게 우리를 맞았다. 위령비 문구에 관한 협의를 요청하자 그는 자기에게는 권한이 없으며 자신이 그 문제를 우리 대표단과 협의하려면 꽝남성 인민위원회의 사전 허가를 받아야 한다고 말했다. 나는 그 문제에 대해 현지 주민과 직접 대화하겠다고 말하고 주선을 요청했으나, 그 역시 사전 허가가 필요하다고 했다.

공식 협의가 불가능해짐에 따라 우리는 그 마을 청룡부대 유적지의 위병소 앞 공터 땅바닥에 쪼그리고 앉아 모래 위에 그림을 그려가며 이른바 '비공식 협의'를 가졌다. 하이 위원장에 따르면, 꽝남성 인민위원회의 지시에 따라 자신이 주민을 설득하고 있으나 주민이 문구 수정에 반대하고 있어 입장이 난처하다고 했다. 나는 반대하는 주민들을 점심식사에 초청하겠다고 제의했으나, 그는 그들이 직접 대화를 수락할 가능성은 전혀 없다고 했다.

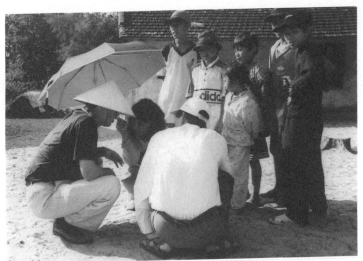

청룡부대 위병소 앞에서 가진 꽝남성 디엔즈엉면 인민위원장과의 최초 협의
성 인민위원회의 사전 허가를 받지 못해 땅바닥에서 비공식 협의를 가져야 했다.

 심야의 폭탄주 대결

다음 날인 2월 23일 우리는 꽝남성에서의 나흘에 걸친 부지
조사를 마치고 남쪽으로 이동해 꽝응아이성으로 갔다. 꽝응
아이성 학교 부지 중 지난번 예비 조사 때 방문한 두 개 지역
외의 여덟 개소는 모두 처음 가보는 곳들이어서 어떤 어려움
이 도사리고 있을지 알 수 없었다.

그런데 꽝남성을 거쳐 오면서 우리 답사팀 내부에 한 가지
골치 아픈 문제가 생기기 시작했다. 속히 도려내지 않으면

두고두고 문제가 될 것 같았다. 문제의 진원지는 우리와 동행했던 베트남 교육부 직원 세 명 중 예산 담당 부서에서 나온 50대 초반의 교사였다. 그는 교육부 규정이 어떻고 법규가 어떻고 하면서 끊임없이 트집을 잡았다. 그의 단골 메뉴는 두 가지였다.

첫째로, 우리가 지을 학교의 교실 면적이 규정보다 작다는 것이었다. 우리가 확정한 설계 도면은 교육부 규정에 따라 만든 것이었고, 돌아다니면서 다른 학교 교실들을 측정해 보아도 결코 다른 학교보다 작은 것이 아니었다. 그는 베트남에 실재하지 않는 이상적인 학교의 규격을 말하고 있었다. 그럼 교실을 넓히고 대신 교실 수를 줄이겠다고 제안했더니 그것도 안 된다고 했다.

둘째로, 그는 모든 학교를 남북 방향으로 지어야 한다고 우겼다. 그러나 학교 건물의 배치도를 만들 때 그 방향은 도로와 정문의 위치에 따라 결정하는 것이 상식이었다. 도로가 동쪽에 있고 기존의 교문도 동쪽으로 나 있는데 어떻게 학교를 남북 방향으로 배치한단 말인가. 그렇게 되면 학교의 모양새가 이상해지고 기존의 다른 건물들과도 조화가 안 되었다. 다른 건물은 모두 동서 방향으로 세워져 있으니 말이다.

둘 다 말이 안 되는 주장이었지만, 가는 곳마다 똑같은 소리를 반복하면서 우리를 정말 짜증나게 만들었다. 그래서 달래도 보고 핀잔도 주고 토론을 통한 해결도 시도해봤지만, 옹고집이라 도무지 방법이 없었다. 더 심각한 문제는 그가 교육부에서 힘깨나 쓰는 자리에 있는 모양이라, 그가 뭐라고 하면 다른 교육부 직원 두 명이 꼼짝을 못하고 그의 말에 맹종한다는 점이었다. 현지에서 해결이 안 되면 하노이에 가서 결국 문제를 일으킬 것이 분명했기에 답사 기간 중에 어떻게든 해결해야만 했다.

우리는 꽝남성 체류 기간 내내 궁리한 끝에 이 문제는 '한국식'으로 해결하는 방법밖에 없다는 결론에 도달했다. 양측 대표가 두 명씩 나와서 한쪽이 항복할 때까지 폭탄주를 마시고 패자는 승자의 말에 무조건 따르는 방식으로 내기를 하자는 것이었다. 지금 와서 생각하면 실로 황당한 발상이었지만, 오죽하면 그런 방법을 택할 수밖에 없었겠는가.

반신반의하면서 농담반 진담반으로 제안했는데, 그쪽도 술에는 자신이 있는지 즉각 동의했다. 그래서 꽝응아이성에 도착한 첫날 밤 호텔 식당에서 저녁식사를 마친 후 사업의 존망이 걸린 심야의 결투를 벌였다. 설계사무소의 김종민 부장이 젊은 혈기에 출전을 자원했고, 나도 '국익을 위해 목숨을 걸고' 우리 팀 대표로 참여했다.

우리가 패배하면 우선 교실 면적 확장으로 인한 추가 공사비가 최소 30만 달러 정도 더 소요될 형편이었고, 이미 협의

완료된 꽝남성 학교 부지 열 개의 건물 배치 도면을 전면 수정해야 했기에, 우리로서는 퇴로가 없는 무조건 이겨야 하는 시합이었다.

당시 베트남에는 전력난으로 대다수 식당에 냉장고가 없어 열대의 뜨거운 공기에 한껏 덥혀진 맥주를 마셔야 했다. 그런 맥주로 만든 폭탄주이니 맛도 가관이었고 취기도 훨씬 빨리 올랐다. 사실 베트남 사람들은 폭탄주가 뭔지도 잘 모르는 사람들이라 우리는 기껏해야 두어 잔씩 마시면 간단히 이길 수 있을 것으로 생각했다.

그런데 어찌된 일인지 베트남 교육부에서 온 두 대표들은 폭탄주를 콜라 마시듯이 단숨에 훌쩍 마시고는 대여섯 잔째가 되어도 아무런 동요가 없었다. 정말로 임자를 만난 것이 아닌가 하는 위기감에 결투를 응원하던 우리 진영이 웅성거리며 동요하기 시작했다. 만일 여기서 지면 어디 가서 30만 달러를 구해 오나 하는 걱정이 내 머리를 짓누르기 시작했다.

다행히 일곱 잔을 마시고 여덟 잔째가 되자 교육부 사람들은 더 못 마시겠다며 항복했다. 그래서 그날의 심야 결투는 우리의 승리로 막을 내렸다. 그 이후 교육부 사람들은 당초 약속한 대로 다시는 엉뚱한 주장을 제기하지 않았다.

꽝응아이성의 소수민족 마을

다음 날인 2월 24일 우리는 꽝응아이성 중서부 산악 지대의 부지 세 곳을 답사했다. 그중 하나는 아주 먼 곳이었다. 그곳은 베트남인이 아닌 소수민족이 사는 마을이었는데, 현지 재향군인회의 특별한 부탁으로 대상지에 포함된 뜨응이아현 응이아선면이라는 곳이었다.

꽝응아이시에서 출발하여 서쪽 내륙으로 산을 넘고 넘고 한없이 넘어서 사람이 도저히 살 것 같지 않은 곳에 위치한 마을이었다. 재향군인회에 따르면, 그들은 본래 인구 만 명이 넘는 소수민족이었는데, 베트남전쟁 당시 전 주민이 베트콩 측에 가담한 관계로 미군의 융단 폭격과 청룡부대의 잦은 공격으로 인구가 겨우 800여 명으로 줄어들었다고 한다.

길은 물론 비포장 도로였고, 마을 부근에 이르러서는 폭우로 도로 곳곳이 유실되어 차량 통행에 어려움이 많았다. 다행히 웅덩이를 돌로 메워 임시로 복구해놓은 곳이 많아 지프가 간신히 통과할 수 있었다. 마을 주민이 수십 명씩 떼를 지어 도로 복구를 하는 흔치않은 모습도 보였다. 그 지역 소수민족은 참 부지런하다는 생각이 들었다.

마을에 도착해 보니 산골이라 부지 면적이 엄청나게 좁았다. 아무리 궁리해봐도 거기에 학교 건물을 지을 방법이 없었다. 옆의 건물을 허물어달라고도 해보았고, 인구가 몇 명 안 되니 학교를 좀 작게 짓겠다고 제의도 해보았으나, 촌장은 절대 안 된다고 우기기만 했다. 대체 어쩌라는 말인지.

나는 좀 화가 났다. 용맹한 소수민족이었다 하니 우리 병사들에게 피해도 많이 입혔을 것이고, 정정당당한 전투였다 하니 우리가 특별히 빚진 것도 없었다. 그런데 대책도 없이 무조건 자기주장만 하니 고약하다는 생각이 들었다. 더욱이 길이 너무 멀고 좁고 험해 그곳에서 건설 공사를 한다는 것이 도저히 상상이 되지 않았다.

그래서 그곳에는 학교를 도저히 지을 수 없으니 대신 다른 마을을 선정해달라고 안내원에게 요청하고는 떠날 채비를 했다. 그랬더니 난리가 났다. 안내원들은 재향군인회의 특별한 부탁이니 재고해달라고 했다. 촌장은 자신들이 얼마나 가난하고 어렵게 살고 있는지 설명하면서 선처를 호소했다. 그는 이어서 행여 우리 답사팀이 도로 사정 때문에 못 오고 되돌아가는 일이 생길까봐 전 주민을 며칠간 동원하여 도로 복구 작업까지 했다고 하면서 울상이었다.

그러는 가운데 마음씨 좋은 설계사무소 김종민 부장이 가장 먼저 동정심에 굴복해 무너졌다. 그는 줄자를 들고 이리저리 다시 측량하더니, 모양새는 흉하지만 그 산골에 누가 와 볼 사람도 없을 테니 옆집을 조금 잘라내고 무리하게나마 학교를 짓자는 방안을 제시했다. 촌장은 이에 즉각 동의했다. 나도 우리를 위해 도로 복구 작업까지 했다는 말에 굴복하지 않을 수 없었다.

 축구장이 있는 꿈의 학교

2월 25일은 일요일이었지만 부지런히 빈선현 소재 부지 네 곳을 답사했다. 그중 한 곳은 한국 모 언론의 양민학살 의혹 보도로 유명해진 빈호아면이었다. 그곳은 한국과 베트남에서 보도된 양민학살 의혹 지역들 중 가장 비중이 큰 곳이었고, 따라서 꽝남성과 꽝응아이성의 답사 지역 스무 곳 중에서 가장 큰 위험이 도사리고 있었다.

베트콩 측 자료, 재향군인회 자료, 현지박물관 자료, 한국 언론 보도, 베트남 언론 보도가 모두 날짜와 인원수에서 조금씩 차이가 있지만, 대체로 1966년 12월 초 빈호아면 전역에서 약 400명 내외의 양민이 학살되었다는 의혹이 제기되었다. 나는 도착에 앞서 일행에게 빈호아면의 과거사를 설명하고 정신들 바짝 차리라고 주의를 환기시켰다.

학교 부지가 마을 중심부에서 조금 떨어져 있으면 좋았을 텐데, 도착하여 차에서 내려 보니 완전히 마을 한가운데였고,

하필 일요일이어서 수백 명의 사람들로 북적거리고 있었다. 모두 우리를 쳐다보았고 분위기는 등골이 오싹할 정도로 싸늘했다. 다른 지역처럼 일단 교장실이나 인민위원회 사무실로 들어가 의례적 인사를 하고 물 한잔 마시는 절차도 없었고, 유사시 우리에게 도움이 될 만한 공산당이나 재향군인회의 책임자도 나와 있지 않았다.

차로 도착한 자리에 그대로 서서 군중에게 둘러싸여 학교 부지 문제를 협의했는데, 우리가 서 있던 바로 그 자리에 학교를 지으라는 얘기였다. 우리는 이심전심으로 서로를 바라보며 고개를 설레설레 저었다. 우리 업체가 거기서 공사하기에는 분위기가 너무 안 좋았다.

서둘러 측량해 보니 다행히도 부지 규모가 너무 작아 도저히 학교를 지을 수가 없었다. 안도하면서 다른 부지를 제시해달라고 했더니 다른 땅은 없다고 했다. 우리끼리 구수(鳩首) 회의를 했다. 다른 곳 같으면 몰라도 과거사의 흔적이 그처럼 선명한 빈호아면에는 무슨 수를 써서든 학교를 꼭 지어야 한다는 것이 결론이었다. 그곳 인민위원회 사람들에게 부지 규모에 맞도록 건축 규모를 줄일 수밖에 없다고 했더니 그건 절대 안 된다고 막무가내였다.

한참 고민하고 있는데, 한 백발노인이 나와서 인근에 인민위원회 소유의 다른 공유지가 있으니 가보자고 했다. 따라가

보니 마을에서 수백 미터 떨어진 곳에 축구장 규모의 커다란 직사각형 공터가 있고 그 뒤편에 나지막한 언덕이 있는데 그걸 모두 써도 된다고 했다. 필요하다면 그 뒤의 숲도 자신들이 개간해서 제공하겠노라 했다.

기막힌 입지 조건이었다. 우리 같으면 아파트 2~3동 정도는 충분히 지을 면적이었다. 베트남 사람들의 교육열이 대단하다고 하더니 학교를 위해 이처럼 광활한 땅을 기꺼이 내놓는구나 생각했다.

우리는 꽝응아이성 과거사 문제의 핵심인 그곳에 상징적으로 특별한 형태의 학교를 건설하기로 결정했다. 공터를 굽어보는 언덕 위에 학교를 짓고 그 앞의 공터에는 베트남 사람들이 무척 좋아하는 축구장을 조성해주기로 했다. 그리고 학교와 축구장 사이에는 관전하기 편하도록 기다란 계단을 설치하고, 학교 옆에는 간단한 어린이 놀이터를 만들어주기로 했다. 이에 더해 꽝응아이성 소재 열 개 학교의 공사가 끝나면 바로 그곳에 하노이 정부 요인들을 초청해 합동 준공식을 개최하기로 결정했다.

우리는 위기를 잘 넘겼다는 생각에 안도하며 다음 부지로 향했다. 한 가지 아쉬웠던 점은 마을의 심상치 않은 분위기 때문에 국내 언론에 보도된 위령비들을 직접 눈으로 확인할 기회가 없었다는 점이었다. 언론 보도에 따르면 그 마을 도처에 여러 개의 위령비가 있다고 했다.

 "하느님, 제발 이곳만은 안 됩니다"

2월 26일에는 선띤현의 학교 부지 네 곳을 답사했다. 오전에 띤티엔면을 답사한 후 그곳 당서기의 초청으로 인근 해변에 가서 오랜만에 제대로 차린 인간적인 식사를 했다. 초라하기는 해도 식당이 몇 개 연이어 있는 것을 보면 아마도 그 주변에서는 유명한 관광지인 것 같았다. 당서기는 자기 마을이 학교 건설 후보지로 결정된 데 대해 매우 흡족해하면서 엄청난 양의 음식을 주문했고 우리는 굶주렸던 배를 가득 채웠다.

식사 도중 분위기가 좋아지자 나는 그간 궁금했던 일을 한 가지 물었다. 베트남전쟁 당시 미군의 양민학살 현장인 밀라이마을이 꽝응아이성 어딘가에 있다고 들었는데 어떻게 하면 찾을 수 있느냐고 물었다. 뜻밖에도 그는 우리가 식사하고 있는 곳이 바로 밀라이 지역이며, 불과 몇 킬로미터 거리에 밀라이마을 추모공원이 있다고 했다.

밀라이 학살사건은 1968년 3월 16일 미군 제11보병여단 소속 병사들에 의해 꽝응아이성 밀라이마을 주민 504명이 무차별 학살된 사건이다. 대부분 노인과 부녀자, 아이들이었다.

당시 작전 지역 상공을 엄호하던 미군 헬기 승무원들의 증언에 따르면, 주변에 베트콩의 흔적이 전혀 없었고 마을로부터 미군을 향해 단 한 발의 총탄도 발사된 적이 없었다고 한다. 이 사건은 미군 내부에서 바로 고발되었으나 부대장에 의해 은폐되었다가 이듬해 귀국한 한 이웃 부대 병사의 고발로 1969년 말에야 세상에 알려졌다.

사건 당시 그 부대에 소속된 미군 사진사는 학살을 중단시키기 위한 위협 수단으로 학살 장면들을 카메라에 담았으나 이를 저지하지는 못했다. 마을 상공을 비행 중이던 미군 헬기의 승무원들은 무차별 학살을 벌이던 동료 미군들을 기총소사로 위협하면서 목숨 걸고 지상에 착륙해 부상한 주민 몇 명을 구출했고, 이것이 감동적인 일화로 널리 알려져 있었다.

내가 밀라이마을에 관심을 두었던 이유는, 향후 언젠가 한국군의 양민학살 의혹 중 일부가 사실로 입증될 경우 밀라이마을이 추모사업의 좋은 모범 사례가 될 것이라 생각했기 때문이었다.

우리는 식사 후 곧바로 '밀라이마을 추모공원'으로 갔다. 공원 입구에는 미국 민간단체가 건립해 기증한 2층 규모의 상당히 큰 추모병원이 있었다. 안내원의 말로는 추모공원도 미국 단체들이 건립하고자 했으나 베트남 측이 이를 거부하고 자비로 건설했다고 한다.

추모공원은 문제의 밀라이마을 전체를 공원화한 것이었다. 사건 당시 밀라이마을 민가들이 실제로 위치했던 자리에 각각 비석이 세워졌고 그 비석에 가구별로 몰살된 가족 명단과 나이가 기록되어 있었다. 집집마다 아이들이 참 많았다. 기념관 안에 들어가니 그날 학살된 504명의 사망자 명단과 당시의 참상을 찍은 사진들이 전시되어 있었다. 명단의 연령을 보니 사망자 중 상당수가 아이들이었고 0살로 표기된 태아도 몇 명 있었다.

바로 그때 문제가 발생했다. 우리와 동행한 50대 중반의 교육부 직원이 사망자 명단을 한 자 한 자 읽어 내려가더니 별안간 소리 내어 통곡하기 시작했다. 그는 학살자 명단에 어린아이들이 너무나 많다고 하면서 자기 자식이 포함되기라도 한 듯 정말 큰소리로 오랫동안 울었다. 그는 본래 시인 출신이라는데, 예술가라서 감수성이 유난히 예민했나 보다. 우리는 주변의 이목을 의식해 서둘러 차에 올라 다음 행선지로 향했다. 그는 차에 탑승한 후에도 한참 동안이나 울음을 멈추지 않았다.

그 바로 다음 행선지는 약 30분 거리에 있는 선띤현 띤선면이었다. 그곳은 베트콩의 기록에도 별다른 과거사 문제가 없는 곳이었다. 그곳에 도착해보니 마을 한가운데에 아주 작고 초라한 초등학교가 한 채 있었다. 학교 앞마당이 100평도

안 되어 보이는 작은 학교였다. 그 마당 안에 200명쯤 되어 보이는 주민들이 빽빽이 둘러서서 우리를 기다리고 있었다.

나는 여전히 연신 흐느끼며 눈물을 닦고 있던 늙은 베트남 교육부 직원의 등을 두드리며 위로하고 차에서 내릴 준비를 했다. 그 순간 나는 온몸의 피가 몸에서 빠져나가는 듯한 현기증을 느꼈다. 마당 한가운데, 즉 우리 바로 앞 십여 미터 거리에 뭔가 위령비같이 생긴 것이 세워져 있었다. 예감이 아주 좋지 않았다. 설마. '하느님, 제발 이곳만은 안 됩니다'라고 마음속으로 외쳤다.

동행했던 통역에게 비문 제목을 읽어 보라 했더니, 글자가 작아서 잘 안 보이지만 위령비임에는 틀림없다고 했다. 차에서 내리기가 정말 싫었으나 머뭇거릴 여유가 없었다. '설마 아니겠지, 설사 위령비라 하더라도 밀라이마을 부근이니 미군의 학살사건일 가능성이 높지 않겠는가' 하고 스스로 위로했다.

실낱같은 희망을 걸고 통역과 함께 차에서 내려 사람들을 향해 몇 발짝 옮기자 위령비 내용이 점점 선명하게 눈에 들어왔다. "남조선군대가 1966년 10월 9일 학살한 주민 112명"이라는 제목 아래로 명단이 새까맣게 기록되어 있었다. 머릿속이 온통 하얘졌고 쓰러질 듯한 현기증이 엄습해왔다. 나는 간신히 몸을 지탱하고 위령비를 향해 계속 걸었다.

그 당시의 당황스러웠던 마음을 어찌 글로 표현할 수 있으랴. 무엇보다 걱정스러웠던 것은 그 교육부 친구가 위령비를 보고 주민들 앞에서 또다시 대성통곡을 하면 어쩌나 하는 것이었다. 위령비에 사망자 명단만 기록되어 있고 처절한 추모 문구는 없는 것이 그나마 다행이기는 했다.

나는 만일의 경우에 대비해 우선 마을 사람들의 환심을 사 두어야 한다는 생각이 들었다. 그래서 미리 알고 준비라도 하고 온 것처럼 위령비 앞으로 똑바로 걸어가서 최대한 정중하게 그리고 오래 묵념을 했다. 묵념 이후의 다음 수순을 궁리하느라고 유난히 오래 묵념을 했다. 사람들의 따가운 시선이 온몸에 느껴졌다. 그러고 나서 마을 유지들과 악수를 했다. 가능한 한 많은 사람들과 악수를 했다.

다행히 사람들이 적대적인 것 같지는 않았다. 그 교육부 친구가 통곡을 하면 어쩌나 줄곧 조마조마했는데, 그는 사태의 심각성을 파악한 듯 일부러 위령비를 쳐다보지도 않고 엉뚱한 곳에서 어슬렁거리고 있었다. 천만다행이었다.

마을 측 요청은 바로 그 자리에 기존 학교를 헐고 새로 지어달라는 것이었는데, 어린 학생들이 공부하는 초등학교의 환경치고는 최악이었다. 과거를 잊지 말라는 교육 목적에서 일부러 그랬는지 모르지만, 학교 건물 바로 사오 미터 앞에 위령비가 서 있었고 건물 뒤쪽은 온통 묘지투성이였다. 대부분 그 당시 죽은 사람들의 묘지라고 했다. 이런 환경의 학교를 다닌 학생들이 얼마나 오래도록 한국에 대한 증오심을 기억할까 생각하니 끔찍했다.

측량을 시작했다. 어떤 경우에도 항상 낙천성을 잃지 않으려 애쓰는 설계사무소 김종민 부장은 무안함을 모면하려는 듯 동네 아이들을 한 무리 이끌고 심부름을 시켜가며 그들과 한데 어울려 측량을 했다. 그가 아이들에게 주려고 지참했던 작은 선물들은 거기서 모두 동났다. 아이들은 서로 줄자를 잡아보려고 난리였다. 주변을 어슬렁거리던 늙은 교육부 직원은 할 일을 찾았다는 듯 어느새 측량에 합류해 줄자 한쪽 끝을 잡고 열심히 뛰어다녔다. 정말 고마웠다.

그곳은 아주 작은 마을이었는데, 아마도 주민이 모두 그 자리에 모인 것 같았다. 땅이 좁아서 꽤 오랜 시간 측량을 했다. 그러나 아무리 건물 위치를 바꾸어보아도 묘지와 위령비 사이의 공간이 너무 좁아서 건물을 짓기 어려웠다.

하는 수 없이 그곳 인민위원장에게 오해 없도록 조심스럽게 상황을 설명했다. "우리가 지을 학교는 현재의 학교보다 배 이상 규모가 커서 공간이 모자란다. 학교 앞의 위령비를 철거하든지 학교 뒤의 묘지를 철거해야 건축이 가능하다. 그러니 마을에서 선택을 해달라"라고 말했다. 그는 동네 유지들과 협의한 후 두 가지 모두 불가하다고 말했다. 그는 어떻게든 그 사이에 학교를 지어달라고 했고 우리는 기술적으로 도저히 안 된다고 한참 입씨름을 했다.

그때 구세주와 같이 팔순이 넘어 보이는 그 마을 최고령의 노인이 나타났다. 깡말랐지만 아직도 기개가 넘쳐 보이는 그 노인은 다른 곳에 학교를 지을 수 있는 부지가 더 있다고 하면서 우리를 이끌고 걸었다. 마을 사람들 모두가 따라서 걸었다. 그는 이삼백 미터쯤 걸어가더니 길가의 넓디넓은 논바닥을 가리키며 원하는 만큼 마음대로 써도 좋다고 했다. 기존 학교는 마을회관으로 쓰고 초등학교를 거기에 새로 짓겠다는 말이었다.

우리는 아이들을 과거사의 망령으로부터 구할 수 있는 그의 제의가 너무도 고마워서 그에 대한 보답으로 빈선현 빈호아면에서와 같이 넓은 면적을 확보해 학교 앞에 축구장과 스탠드를 건설해주기로 했다. 그리고 그곳에서 꽝응아이성 내 열 개 학교의 합동 기공식을 갖기로 결정했다. 땅이 아까워서인지 일부 주민이 이의를 제기했지만, 노인에게 야단을 맞고 모두 물러섰다.

답사를 마치고 그 마을을 떠나면서 어느 때보다도 마음이 뿌듯했다. 한국에 대한 증오를 되새기는 위령비와 희생자 무덤들을 바라보며 공부하던 어린 학생들이 이제는 우리가 지어 준 학교와 축구장, 놀이터를 바라보면서 한국인의 우정을 기억하게 될 것이기 때문이었다.

 ## 호찌민의 독특한 베트남식 공산주의

우리는 오랜 답사 일정으로 기진맥진한 상태로 다음 날 하노이에 돌아왔다. 하노이에 돌아와서 주로 한 일은 디엔즈엉 위령비 문제를 마무리 짓는 일이었다. 그 문제에 대한 베트남 측의 결단을 독려하기 위해서는 무언가 특단의 조치가 필요했다. 우리는 꽝남성 내 열 개 한국 학교의 합동 기공식을 5월 말에 문제의 디엔즈엉면에서 개최하기로 결정하고 이를 베트남 공산당과 교육부 및 지방정부에 통보했다.

그것은 꽝남성 인민위원회에 심리적 압박을 가하기 위한, 양날의 칼과도 같은 배수진이었다. 기공식 때까지 디엔즈엉의 위령비 문제가 해결되지 못할 경우, 기공식에 참석한 중앙당과 중앙정부 간부들이 그 끔찍한 비문을 직접 읽고 한국에 대한 인식이 조금은 나빠질 것이다. 그러나 꽝남성 인민위원회 역시 정부 시책에 어긋나는 그런 비문을 장기간 방치한 책임에서 자유롭지 못할 것이었다.

디엔즈엉의 불쌍한 하이 인민위원장은 상부의 압력으로 문구 수정을 위해 동분서주했지만 주민들의 반대에 부딪혀

고전을 면치 못하고 있었다. 수차례의 주민회의 끝에 끔찍한 표현들을 모두 삭제하기로 합의되었으나 '학살'이라는 단어를 존치시킬지 여부를 둘러싸고 일부 주민이 반대의사를 굽히지 않았다.

그는 그 단어를 존치시키는 것이 불가피하다는 결론에 도달하자 그에 대한 우리 정부의 양해를 요청해왔다. 나는 이에 즉각 반대했다. 양측 간의 합의 실패로 아예 수정되지 못하는 건 할 수 없는 일이지만, '학살' 표현이 들어간 수정안에 우리가 동의할 수는 없다고 잘라 말했다. 하이 위원장에게는 미안한 일이었지만, 어떤 이유에서건 우리 정부가 검증되지도 않은 '학살' 표현에 공식 동의할 수는 없었다. 그래서 문제는 다시 원점으로 되돌아갔다.

디엔즈엉 위령비 문제를 둘러싼 지지부진한 해결 과정을 지켜보면서, 나는 베트남의 정치체제를 쉽게 이해할 수 없었다. 단지 일부 주민만이 반대한다면 아무리 대단한 민주국가에서도 다수결로 처리하는 것이 상식 아닌가. 명색이 공산국가라는 곳에서 일부 주민의 반대 때문에 중앙정부의 지시가 이행되지 못하고 있다니, 대체 무슨 소리인지 납득이 가지 않았다.

그러나 베트남에서 살면서 겪은 이런저런 경험에 비추어

보면 상황이 조금은 이해되기도 했다. 그런 믿어지지 않는 희한한 일들은 공산국가의 수도인 하노이에서도 종종 일어났다.

시내 한복판에 대규모 간선도로를 개설하는데, 이따금 도로 한가운데 집 한두 채가 남아 몇 달 동안이나 도로를 개통하지 못하는 일이 하노이에서는 흔히 눈에 띄었다. 이는 집주인이 집을 팔지 않으려고 거부하기 때문인데, 매각에 동의할 때까지 집주인과 정부는 몇 달이건 몇 년이건 협상을 계속해야 한다는 것이다. 한국과 같은 수용령도 없고 주민의 일정 비율이 동의하면 반대자도 그에 따라야 하는 재개발 규정 같은 제도도 없었다. 모든 '인민' 개개인의 뜻을 존중하기 위해서라고 했다.

그뿐만이 아니었다. 베트남 정부 내에서는 '인민'인 말단 실무자 한 사람이 반대하면 총리도 장관도 결정을 내리지 못한다. 믿어지지 않지만 엄연한 사실이다. 그래서 정부기관을 설득하려면 장관부터 차관, 국장, 과장, 담당 실무자를 모두 설득해야 한다는 것이 베트남에 진출한 기업인들에게는 상식에 속하는 일이었다. 그중 한 사람이라도 반대하면 아무리 장관이 도와주려 해도 해결되지 않는다. 실무자는 장관 눈치 안 보고 자신의 주장을 펴고, 장관은 지위를 이용해 실무자의 입장을 바꾸려 시도하지 않는다. 장관의 입장에서 볼 때 그는 부하 직원인 동시에 '인민'이기 때문이었다.

더 믿어지지 않는 일은, 베트남에서는 정부 부처의 과장급 이상 모든 간부를 '인민'인 직원들이 투표로 선출한다는 점이다. 과장은 과원들이, 국장은 국 직원 전체가, 장관은 그 부처의 모든 직원이 비밀투표로 선출한다. 이 세상의 어느 나라에서도 들어본 적이 없는 극도로 민주적인 제도이다. 베트남 정부 인사로부터 들은 바에 따르면, 선출은 3단계를 걸쳐 이루어지며 그 과정이 민주적이고 정교하기 이를 데 없다.

첫 단계에서는 선출 대상 직위의 직속상관이 두세 명의 후보자 명단을 작성해 제시한다. 이는 그 직원을 실제로 지휘할 직속상관의 의사를 존중하기 위함이다. 두 번째 단계는 그가 제시한 두세 명의 명단을 놓고 모든 부하 직원이 비밀투표로 최다득표자 한 명을 선발하는 과정이다. 이는 부하 직원들의 평가를 반영해 가장 많은 지지를 받는 인사를 선택하기 위한 핵심적 과정이다. 마지막 세 번째 단계는 선출된 후보자를 놓고 동급의 동료와 상급자 전원이 투표하는 과정으로, 여기서 과반수를 얻어야 선출이 확정된다. 동료와 상급자에 의한 일종의 최종 신임 투표에 해당된다.

이러한 제도로 인해 그곳에서는 정실이나 지역 차별, 외부 압력에 의한 인사나 낙하산 인사 같은 것이 원천적으로 불가능하다. 설사 당서기장이나 총리라 할지라도 자기가 원하는 사람 한 명을 장관으로 임명할 권한이 없다. 밀어주고자 하는 사람이 있다면 그 사람을 두세 명의 후보자 명단에 넣어주는 것이 할 수 있는 최대한의 배려이다. 그러한 사정은 장관도 국장도 마찬가지다.

공산주의가 무엇인가. 레닌이 추구했던 초창기의 이상적이고 가장 민주적인 정치형태에서도 공산주의는 최소한 '민주적 중앙집권제'가 아니었던가. 상부 기관의 선출은 '민주적'으로 하되 일단 상부 기관이 선출된 이후에는 '중앙집권적'으로 통제하는 것이 교과서에 나오는 공산주의가 아닌가.

그런데 베트남에서는 공산당이건 정부건 '인민'이라는 단어 앞에서는 꼼짝을 못한다. 말끝마다 인민의 의사가 어떻다느니, 인민이 반대해서 안 된다느니, 가난한 인민을 도와 달라느니 입버릇처럼 말하곤 한다.

나도 하노이에서 그들과 많은 대화를 하다 보니 '인민'이라는 표현이 입에 배어서 나도 모르는 사이에 그들과 유사한 빈도로 그 단어를 사용하곤 했다. 정부 부처에 가서 무슨 교섭을 하더라도 한국 정부의 입장이 어떻고 공동 이익이 어떻고 하는 진부한 명분으로는 설득이 안 되었다. 그러나 베트남 인민의 이익을 위해서 양국이 이렇게 해야 하고, 그것이 인민의 복지를 추구하는 베트남 공산당의 시책에 합치하고, 인민도 이를 적극 지지할 것이라는 등의 표현을 사용하면 금방 말이 통했다.

한번은 개인적으로 종종 만나던 공산당 사상문화위원회의 짠반루엇(Tran Van Luat) 이념 담당 부위원장과 비공식 식사 자리에서 공산주의의 본질에 관한 적나라한 대화를 가진 일이 있었다. 그는 당내에서 이론가로 상당히 인정받고 있는 유망주였다. 나는 그에게 말했다.

"공산주의는 '인민을 위한 민주주의'를 표방하면서도 실제로는 인민의 이름을 빌어 인민들을 통제하고 인권을 탄압해 온 것이 역사적 사실이다. 레닌이 말하는 '민주적 중앙집권제'라는 것이 결국은 독재를 하겠다는 거 아닌가.

나라 이름에 '민주주의'가 붙은 나라치고 진짜 민주국가가 어디 있느냐. 구소련이나 구 동구권이나 북한이나, 인민을 위한 정치가 언제 있었느냐. 우리는 학교에서 공산주의가 없어져야 할 해악이라고 배웠다. 그래서 우리는 공산주의와 싸우려고 목숨 걸고 베트남전쟁에 참전했다.

그런데 하노이에 와 보니 이게 무슨 족보에도 없는 공산주의냐. 왜 국가가 인민에게 절절매고 장관이 직원에게 절절매고 말끝마다 인민 타령만 하느냐. 그런 건 공산주의 교과서에나 나오는 선전인 줄 알았는데, 어떻게 베트남 같은 개도국에서 역사상 선례가 없는 진짜 '인민민주주의'를 하고 있는 거냐.

그러나 아무리 인민도 좋고 민주주의도 좋지만 인민이 반대해도 국가가 필요로 하는 일은 과단성 있게 밀고 나가야 하는 것 아니냐. 우리도 오랫동안 민주주의를 해왔지만 베트남 같은 민주주의는 아직 꿈도 못 꾼다."

내 발언이 장시간 계속되자 루앗 부위원장의 얼굴은 굳어지면서 붉으락푸르락 했고, 옆에 앉은 대사관 통역은 놀라서 머뭇거리며 식탁 밑으로 내 다리를 연신 걷어찼다. 그러나 내 발언이 결론 부분에 도달하자 루앗 부위원장은 파안대소했다. 그는 이렇게 말했다.

그것이 호찌민 주석이 남긴 베트남식 공산주의다. 베트남은 공산국가이기에 앞서 인민의 나라이며, 인민을 위한 정치를 하는 것이 베트남 공산당의 최우선 목표이다.

국가가 설사 인민보다 더 좋은 생각을 갖고 있다 하더라도 인민에 대한 설득이 선행되어야 한다. 인민의 동의를 얻지 못한다면 인민의 뜻에 따를 수밖에 없다. 왜냐하면 당과 국가는 인민의 뜻을 실현하고 인민을 보호하기 위해 존재하기 때문이다.

이 나라에서는 당이건 정부건 인민이 반대하는 일을 강행하는 것이 원천적으로 불가능하다. 그것은 호찌민 주석 이래 지속되어온 이 나라 정치의 철칙이다.

쉽게 믿어지지 않는 얘기지만, 내가 베트남에서 보고 겪은 바에 따르면 그건 사실이었다. 문자 그대로 인민을 지고의 가치로 떠받드는 인민민주주의 국가라고나 할까. 만일 세상의 모든 공산주의가 베트남과 같다면, 그처럼 인민을 위하고 인민의 뜻을 존중하는 정치체제라면, 공산주의와 민주주의의 구별도 필요 없을 것이고 동서 냉전이나 한반도 분단도 없었을 것이다.

5. 슬픈 역사와
그런 삶이 있는 곳

●

그 자리에서 과음으로 순직하는 한이 있어도

그들의 제의를 사양할 수 없었다.

함께 마셔주기만 해도 그들의 마음속에서 과거사는

소리 없이 녹아 없어질 것 같았다.

그래서 주는 대로 모두 한 입에 털어 넣었다.

얼마나 마셨는지 기억도 할 수 없을 만큼 마셨다.

술로 범벅이 된 디엔즈엉의 점심식사

꽝남성과 꽝응아이성에 지을 학교들의 기공식을 한 달 앞둔
2001년 4월 MBC-TV <시사매거진 2580> 취재팀이 베트남
중부지방 취재를 위해 하노이를 방문했다. 나는 안내를 겸해
그들과 함께 4월 19일부터 닷새 동안 다시 그곳을 찾았다. 세
번째 방문이었다.

취재 대상지는 기공식을 개최하기로 예정된 꽝남성 디엔
즈엉면과 꽝응아이성 띤선면이었다. 두 군데 모두 과거사가
있고 위령비가 있고 또 아주 가난한 마을이어서 이른바 '그
림'이 괜찮았다. 4월인데도 어찌나 더운지 고생을 했지만, 우
기가 이미 한두 달 지난 시기라서 차량 이동은 수월했다.

4월 20일 디엔즈엉면을 방문한 취재팀은 청룡부대 유적지를 거닐면서 하이 인민위원장과 인터뷰를 했다. 베트남 사람은 사진 찍기를 유난히 좋아하는데, 한국 TV에 방영될 거라 하니 싱글벙글거렸다. 말도 참 잘했다. 과거사 문제에서 위령비 문제에 이르기까지 여러 질문에 막힘없이 대답했다.

취재팀은 한 학생의 집을 방문해서 촬영하기를 원했으나, 하노이에서 안내원 겸 감독관으로 따라온 베트남 외교부 공보국 직원은 사전 허가가 없어 안 된다고 했다. 베트남을 방문하는 외국 기자의 취재 활동은 통상 취재비자를 받을 때 사전 신청해 허가받은 일정에 한해 허용된다.

하는 수 없이 하이 위원장에게 사정을 얘기했더니, 아무것도 숨길 게 없는데 무슨 문제가 있느냐면서 학교에서 가장 가까운 한 남학생의 집으로 안내했다. 내가 그때까지 보아온 것은 중부지방의 학교들뿐이었고, 민가를 방문할 기회는 없었다. 학교가 그 지경이니 민가는 오죽하겠느냐는 정도의 생각뿐이었다.

막상 가보니 일반 민가는 학교와 비교도 되지 않을 정도로 허름했다. 금방이라도 무너질 듯한 가느다란 나무기둥이 코코넛 나무껍질로 만든 찌그러진 지붕을 떠받치고 있었고, 대나무로 얼기설기 엮은 벽에는 주먹이 들어갈 만한 구멍이 도처에 뚫려 있었다. 바닥은 맨땅이었고, 문도 전기불도 없었

취재팀과 함께 방문한 꽝남성 디엔즈엉면의 한 민가
무너져내릴 듯한 지붕과 가족들의 야윈 모습이 극심한 가난을 말해준다.

다. 나무판 위에 돗자리 같은 것을 깐 것이 침대였다.

우리가 지금껏 측은해하던 학교 건물은 민가의 극빈한 상황에 비하면 차라리 호화 건물이었다. 그러고 보니 1960년대 내가 어렸을 때 한국도 상황이 비슷했었다. 주택들이 모두 쓰러져 가는 판잣집 수준이었을 때에도 학교는 시멘트로 지은 번듯한 건물이었다.

그날 하이 인민위원장은 우리를 모두 오찬에 초청했다. 우리가 오찬 초청을 해도 거절하더니 뭔가 분위기가 많이 변하고 있다는 생각이 들었다. 마을에는 식당이 없었으나 불과 수백 미터 거리에 끝없이 펼쳐진 해변이 있었고 모래사장 위에 허름한 식당이 한 개 있었다. 경치도 좋고 모래도 무척 고왔으나 사람은 우리밖에 없었다.

우리 일행은 일곱 명뿐이었지만 디엔즈엉면의 유지들이 열댓 명쯤 참석했다. 당서기, 인민위원장, 인민위원회 부위원장, 조국전선 위원장, 인민회의 의장, 여맹위원장, 청년위원장, 재향군인회장 등 작은 마을에 감투가 어찌 그리도 많은지 일일이 기억할 수도 없었다.

생각난 김에 잠시 여담을 하자면, 1990년대 초 고르바초프 서기장 집권 당시 모스크바에는 소련 정치체제의 비효율성을 조롱하는 냉소적인 우스갯소리가 유행했었다. 물론 베트남에 빗대어 이 우스갯소리를 인용하는 것은 아니다.

인류학자가 각 민족의 특징을 연구하고자 무인도 세 곳에 영국인, 프랑스인, 소련인을 각각 남자 두 명, 여자 한 명씩 남겨 두고 떠났다가 1년 후 돌아와 그간의 변화를 점검했다.

먼저 영국인들이 사는 섬에 가보니, 남자 둘이 모두 여자와는 말도 않고 서로 멀리 떨어져서 살고 있었다. 이유를 물으니, 그들이 데이트를 하도록 정중히 소개해주는 사람이 없었기 때문이라고 했다.

프랑스인들이 사는 섬에 갔더니, 한 쌍의 남녀가 재미있게 살고 있고 남자 한 명은 혼자 밭에서 일만 하고 있었다. 이유를 물으니, 셋이 계약을 맺어 남자 둘이 6개월씩 교대로 여자와 살고 나머지 한 사람은 식량 생산에 전념키로 했다는 것이었다.

끝으로 소련 사람들이 사는 섬에 갔더니, 여자는 보이지 않고 남자 둘이 탁자에 앉아 온종일 토론만 하고 있었다. 뭘 하는 건지 물었더니, 자기들은 그곳의 당 간부들로서 인민의 복지를 위한 정책을 논의하고 있다는 것이었다. 여자는 어디에 있느냐고 물었더니, 그들은 목에 힘을 주어 엄숙히 대답했다.

"인민은 밭에서 노동을 하고 있다."

이는 우스갯소리일 뿐이지만, 사회주의 때문인지 전통적 관습 때문인지는 몰라도 베트남 농촌에 가면 남자를 거의 찾아보기 힘들고 논밭에서 쟁기질하는 사람도, 작물을 수확하는 사람도, 무거운 짐을 억척스럽게 들고 가는 사람도 모두 아낙네들이었다. 그 이유를 물어보면 대답은 거의 같았다. 남자들은 시원한 곳에서 낮잠을 자든지 노름을 즐기고 있다는 것이었다.

그래서 그런지 베트남 가정에서 주부의 입김은 절대적이고, 직장에 다니는 남자들도 저녁 8시만 되면 서둘러 귀가하는 기색이 역력했다. 그 시간은 대체로 대부분의 베트남 가정에서 통용되는 남자들의 통행금지 시간이었다. 남자들은 지위 고하를 막론하고 자신이 공처가임을 조금도 부끄러워하지 않고 떳떳이 얘기했다. 그들이 가장 즐기는 농담의 소재도 무서운 아내와 공처가 남편의 이야기였다.

다시 디엔즈엉의 오찬 얘기로 돌아가자. 그날의 오찬은 서두에 베트남식으로 양측에서 장황한 연설이 있은 후 동창회와도 같이 시끌벅적하게 진행되었다. 모두들 오랜 친구를 만난 듯이 분위기가 참 좋았다.

우리는 이 기회에 위령비 문제를 해결해야겠다 싶어 선물용으로 가져갔던 인삼주 여섯 병을 모두 내놓았으나, 인삼을 워낙 좋아하는 베트남 사람들이라 너도나도 마셔대는 바람에 순식간에 없어졌다. 카메라 기자가 개인용으로 가져왔던 위스키까지 몽땅 내놓았고 베트남 보드카도 몇 병 추가로 주문했다.

몇 잔씩 마시고 분위기가 꽤 무르익자 나는 위령비 문제를 제기했다. 분위기를 깨고 싶지는 않았지만, 마을 지도자들이 모두 모였으니 주민들과의 직접 담판을 위한 놓칠 수 없는 기회였기 때문이다.

나는 일어서서 오찬에 참석한 모든 주민들을 향해 단도직입적으로 말했다. "우리는 여러분의 친구다. 그런데 이 마을 위령비는 친구인 한국인에 대한 증오심을 길이 잊지 말고 기

디엔즈엉 마을에서 열린 주민 대표들과의 오찬
피해 주민과 직접 대화하며 과거사를 극복하는 데 중요한 계기를 만들었다.

억하라고 가르치고 있다. 친구에 대한 증오심을 자손 대대로
전해서 뭘 어떻게 하겠다는 것인가. 과거사를 부정하자는 건
아니다. 그러나 우리 사이에 증오심은 안 된다. 이 중에 아직
한국인에 대한 증오심이 남은 사람이 있거든 이 자리에서 우
리에게 분풀이를 해라. 그리고 과거를 잊어라."

하이 위원장은 마을의 누구도 한국인에 대한 증오심을 갖
고 있지 않다고 강조했다. 위령비 문구 변경 문제의 경우, 자
신은 물론 그 자리에 참석한 유지들은 모두 찬성하는데 아직
반대하는 사람이 있다고 했다. 몇 명이 반대하느냐고 물었더
니 세 명이란다. 세 명이라니, 기가 막혔다.

나는 그들이 그렇게 힘 있는 사람들이냐고 물었다. 그는 세 사람은 문제의 학살사건 때 살아남은 생존자들이어서 그들의 의견이 가장 중요하다고 했다. 두 명은 당시 갓난아기였는데 엄마가 끌어안고 총을 맞는 바람에 살아났고, 한 명은 당시 목이 반쯤 잘렸는데 베트남에서는 치료가 불가능해서 서독 정부의 배려로 독일에 공수되어 치료를 받고 살아났다고 했다.

주변이 숙연해졌다. 나도 한동안 망치로 얻어맞은 듯 정신이 멍하고 눈물이 핑 돌았다. 아비규환 같은 장면이 영화처럼 머리를 스쳐갔다. 내가 지금까지 그들에게 대체 무엇을 요구해왔던가를 생각하니 부끄러운 생각마저 들었다. 뭔가 시작을 잘못했다는 후회의 감정이 치밀어 올라왔다.

나는 잠시 후 다시 일어서서 그들에게 말했다.

"반대하는 사람들이 바로 그들이라면 설득할 필요 없다. 우리는 그들에게 다시 한 번 고통을 주기를 원치 않는다. 위령비 문제는 없었던 것으로 하고 잊어버리겠다."

모두들 다시 술을 마셨다. 기분이 좀 묘해서 더 많이 마시는 것 같았다. 서로 돌아다니면서 잔을 돌렸고, 아무나 서로 부둥켜안았다. 그리고 누가 먼저 제의했는지는 기억나지 않지만, 고조된 분위기 속에서 나와 하이 위원장 그리고 MBC 최명길 기자 셋이서 의형제를 맺었다. 나이순으로 내가 맏형이 되고 하이 위원장이 둘째, 최 기자가 막내가 되었다.

참석했던 유지들이 교대로 인민위원장의 형님인 내게 와서 축하한다고 건배를 제의했다. 눈물 나도록 우정 어린 제스처였다. 그 자리에서 과음으로 순직하는 한이 있어도 그들의 제의를 사양할 수 없었다. 함께 마셔주기만 해도 그들의 마음속에서 과거사는 소리 없이 녹아 없어질 것 같았다. 그래서 주는 대로 모두 한 입에 털어 넣었다. 얼마나 마셨는지 기억도 할 수 없을 만큼 마셨다.

햇살이 뒷머리에 따가워서 잠에서 깨니 하이 위원장과 나만 테이블에 엎어져 있고 다른 사람들의 모습은 보이지 않았다. 찾아보니 우리 둘만 빼고 양측 참석자 전원이 남녀노소 불문하고 옷을 입은 채 바닷물에 뛰어들어 서로 뒤엉켜 소란을 피우고 있었다. 어찌된 일인가 물으니, 하이 위원장과 내가 거의 한 시간이나 부둥켜안고 떨어지지 않아서 그것으로 오찬을 종료하고 모두 열기를 식히러 바다로 뛰어들었다고 했다.

그날의 오찬은 그렇게 끝났다. 그리고 디엔즈엉의 주민들이 한국인에 대해 품어온 33년 묵은 한은 그것으로 사실상 막을 내렸다. 우리는 그날 저녁 꽝응아이성으로 이동해 취재를 마친 후 하노이로 복귀했다.

고통 속에 피어난 연꽃

하노이에 돌아와서 주로 했던 일은 교육부로부터 학교 신축 허가를 받아내는 것이었다. 중부지방의 우기가 시작되는 9월 초 이전에 학교를 완공하려면 늦어도 5월 말에는 공사를 시작해야 했다. 5월 27일과 28일 양일간 꽝남성과 꽝응아이성의 각 한 곳에서 스무 개 학교의 합동 기공식을 개최하기로 일정을 잡고 공산당, 교육부, 경제부, 공안부, 재향군인회 간부들을 기공식에 초청했다.

그러나 베트남 교육부는 무슨 이유인지 기공식 날짜가 다가오는데도 3개월이 다 되도록 건축 허가를 내주지 않았다. 특별한 이유는 없었다. 몇 번 독촉했으나 검토 중이라는 답변밖에는 들을 수 없었다. 내막을 확인해보니 그들은 검토를 아예 시작도 하지 않고 있었다. 그러나 그렇다고 국가 간의 원조사업인데 '급행료'를 줄 수도 없는 노릇이었다.

디엔즈엉의 위령비 문제도 아직 진행형이었다. 나는 디엔즈엉 주민들에게 한 약속대로 그 일을 아예 잊어버리고 손을 뗐지만, 하이 인민위원장은 아직도 포기하지 않고 어떻게든 마무리하려고 악전고투하고 있었다.

그러던 어느 날 상상도 못했던 낭보가 날아왔다. 하이 위원장이 대사관에 전화로 통보해온 바에 따르면, 위령비의 문안을 수정하는 대신 아예 몽땅 삭제하기로 주민들이 최종 합의했다는 것이었다. 전혀 예상치 못한 결론이었다. 문안을 모두 삭제한다면 우리로서야 더 바랄 나위가 없었지만, 문안의 일부 수정에 반대했던 사람들이 어떻게 완전삭제라는 극단적인 결론을 내렸단 말인가.

배경을 알아보니 하이 위원장이 마침내 강수를 발동했다는 것이다. 그는 '학살'이라는 단어를 뺀 온건한 문구를 수용하든지 아니면 아예 모든 문구를 삭제하든지 양자택일을 하라고 주민들에게 요구했고, 그 결과 모두 삭제하는 방안이 채택되었다는 것이다. 그 이유는 "역사를 왜곡하여 기록하는 것보다는 차라리 기록하지 않는 것이 낫다"라는 주장이 압도적으로 우세했기 때문이라고 했다.

한 대 맞은 기분이었다. 그 시골사람들로부터 그처럼 심오하고 뼈대 있는 말을 들으리라고는 상상도 못했었다. 듣고 보니 과연 그들로서는 최선의 결정을 내렸다는 생각이 들었다. 지난날 외세와의 섣부른 타협이나 굴복보다는 항상 정면대결이라는 정도(正道)를 선택해왔듯이, 위령비 문구 문제도 베트남인의 기개에 합치되는 결정을 내린 것이었다.

그것으로 6개월간에 걸친 위령비 문제는 막을 내렸지만, '역사를 왜곡하기보다는 지워버려야만 했던' 디엔즈엉의 주민들에게 나는 오래도록 미안하고 죄스러운 마음을 금할 수가 없었다.

위령비 문제의 해결로 기공식에 앞서 모든 장애가 사라졌나 싶었는데, 기공식을 불과 사흘 앞둔 5월 25일 교육부로부터 믿어지지 않는 황당한 통보가 문서로 날아 왔다. 건축 허가 검토에 시간이 더 필요하니 기공식을 연기하라는 일방적인 통보였다. 우리는 화가 머리끝까지 났다. 공사 개시가 한두 주일만 늦어져도 중부지방의 극심한 우기 때문에 연내 완공이 어렵기 때문이었다.

우리 대사관은 즉각 강경하고도 지극히 비외교적인 내용의 답신을 교육부로 발송했다. 교육부가 허가해주지 않으면 무허가로라도 공사를 시작하겠다는 통첩이었는데, 답신 요지는 아래와 같았다.

> 기공식은 연기할 수 없다. 현시점에서 가장 중요한 것은 탁상에서의 관료주의적 검토가 아니라 교실이 없는 가난한 중부지방 학생들에게 속히 학교를 지어주는 일이다. 기공식은 예정대로 개최한다. 교육부가 이에 동의하지 않는다면 기공식에 불참해도 좋다.

마침 그날 오후 우리 대사와 당휴(Dang Huu) 공산당 교육과 학위원장의 면담이 예정되어 있었다. 그래서 우리는 면담 말미에 베트남 교육부 공문과 우리 측 답신 사본을 공산당 관리들에게 보여주고, 공사 일정상 교육부의 지시에 응할 수 없는 대사관의 입장을 설명했다. 그랬더니 당 휴 위원장은 자신도 우리 생각에 공감한다고 하면서 차관급인 당 교육과 학위원회 부위원장을 기공식에 참석시키기로 결정했다. 그 말을 전해들은 교육부는 그날로 즉시 기공식 개최를 승인하고 교육부 차관의 행사 참석을 통보해왔다.

그러한 우여곡절을 거쳐서 중부지방의 두 성에서 학교 스무 개를 건설하기 위한 기공식이 예정대로 개최되었다. 스무 곳 전체에서 동시에 기공식을 개최하는 방안도 검토했으나, 물리적으로 불가능한 일이어서 꽝남성과 꽝응아이성의 각 한 곳을 선정해 합동 기공식을 개최했다. 위령비의 존재로 인해 우리를 가장 난처하고 괴롭게 했던 꽝남성 디엔반현 디엔즈엉면과 꽝응아이성 선띤현 띤선면에서 각각 기공식을 갖는다는 것이 무엇보다도 의미가 있었다.

기공식에는 하노이에서 공산당, 외교부, 교육부, 경제부, 재향군인회 간부들이 참석했고, 성 인민위원회 간부들과 인근 각 현의 당서기, 인민위원장, 교장 들이 대거 참석했다. 많은 교사와 학생 들도 흥분한 표정으로 참석했다. 한국 대사관에서도 대사 이하 여러 직원이 참석했다. 재향군인회의 말로는 아마도 마을이 생긴 이래 사상 최대의 행사일 거라고 했다.

두 마을에 이르는 도로는 어느새 아스팔트로 말끔히 포장되어서 쉽게 도착할 수 있었다. 5월 28일 개최된 디엔즈엉면 기공식 때는 연단 뒤에 베트남기와 태극기가 나란히 걸렸다. 아마도 태극기가 그 지방에 모습을 드러낸 것은 베트남전쟁 종전 후 처음이리라. 감개가 무량했다. 이 땅에서 죽어간 국군병사들의 원혼이 떠돌고 있다면 그들도 반가워할 것이라 생각했다.

아쉽게도 띤선면에서는 주민들의 반대로 아직은 시기상조라면서 태극기 게양을 거부했다. 우리도 굳이 그것을 요구하지는 않았다. 그들이 스스로 태극기를 용납할 때까지 기다려야 한다는 생각이었다.

나의 아우인 하이 인민위원장은 하노이 고관들 앞에서 행사를 주관하고 연설하게 되어 연신 싱글벙글이었다. 그리고 학교도 학교지만, 성 인민위원회가 기공식에 참석하는 하노이 고관들을 위해 다낭시에서 디엔즈엉면에 이르는 비포장 진입로를 아스팔트로 말끔히 포장해주었기 때문에 그로서는 입이 벌어지지 않을 수 없었다.

행사가 끝나고 오찬장으로 향할 때 하이 인민위원장은 보여줄 것이 있다고 하더니 나를 위령비가 있는 곳으로 데려갔다. 위령비 후면의 추모문은 완전히 제거되었고, 대신 베트

끔찍한 추모 문구 대신 연꽃 문양을 장식한 디엔즈엉면 위령비의 뒷면

남 사람들이 좋아하는 연꽃문양을 새긴 대리석판을 붙이는 공사가 막 끝나가는 참이었다. 과거엔 무심코 지나쳤던 연꽃이 유난히도 청아하고 아름다워 보였다. 하이 위원장도 자기 마을이 과거사의 망령에서 벗어난 것이 홀가분한지 활짝 웃었다.

석 달 만에 기적처럼 완공된 스무 개 학교

곧 공사가 시작되었다. 어려운 공사 여건에도 현장감독으로 부임한 포스코건설의 이주학 과장은 완공 시기를 맞추기 위해 사투를 벌였다. 우기가 시작되기 전에 공사를 완료하지 못한다는 것은 그로서도 악몽이었다. 공사 현장이 모두 벽지마을이어서 시공사는 공사 개시에 앞서 인부들의 숙식을 해결할 숙소를 마을에 건설하거나 임차해야 했다. 그리고 공사가 시작되자 인부들을 매일 아침저녁 인근 마을 공사장으로 실어 날랐다.

공사 기간 단축을 위해 중장비가 대거 동원되었고, 철강구조물은 호찌민에 있는 포스코 계열 현지법인인 포스릴라마 공장에서 반조립 상태로 제작된 후 대형 트럭에 실려 각 공사장에 배달되었다. 한국에 미리 주문한 특수 자재들도 속속 베트남에 도착해 대형 트럭이 공사 현장 스무 곳을 전전하면서 배달했다. 그런 방식으로 두 성 도처에 산재한 스무 군데 공사 현장에서 똑같은 공정에 따라 공사가 진행되었다.

한국 대사관은 공사 과정에서 발생하는 각종 민원사항을 성 인민위원회나 중앙정부를 통해 즉각 해결해주는 해결사 역할을 자임했다. 상상도 못했던 별의별 문제가 발생했다. 길을 막아놓고 공사장 트럭에 통행료를 요구하는 마을도 있었고, 갑자기 설계 변경을 요구하는 곳도 있었으며, 시공업체에 하도급 이권이나 뒷돈을 요구하는 관리도 있었다. 우리 대사관은 모든 수단을 총동원해 이런 부당한 요구들을 철저히 차단했다.

숱한 일화를 남기고 공사는 기적과도 같이 꼭 3개월 만인 8월 말에 완료되었다. 2000년 3월 최초로 구상한 이후 1년 6개월 만에 중부지방 다섯 성 중 두 성에서 스무 개의 학교를 완공한 것이었다. 그것은 단순한 학교 건물이 아니었다. 그것은 과거사의 암영이 깊이 드리워진 베트남 중부지방에 대한 한국민의 애정을 가득 담은 불멸의 기념비였다. 또한 그것은 전쟁의 와중에 한국군에게 억울한 죽음을 당했을지도 모르는 베트남인을 위한 살아 있는 위령비이기도 했다.

이쯤에서 우리가 설계했던 초등학교 건물의 상세한 내역을 기술하고자 한다. 진부하게 보일지 모르나, 그 사업에 직접 관여했던 사람들로서는 매우 중요한 일이다. 그 이유는, 당시 이 사업을 통해 현지 주민들을 조금이라도 더 도와주기 위해 한국 대사관과 KOICA 사무소와 시공회사가 얼마나 많은 노력을 기울였는지 언젠가 그들이 알아주었으면 하는 바람 때문이다.

① 모든 학교는 교실 여섯 개와 교무실 한 개의 정형화된

단층 건물로 설계되었다. 2부제 수업을 하면 500명 정도를 수용할 수 있는 규모였다. 설계를 통일한 것은 설계비를 절약해서 교실 수와 학교 수를 조금이라도 늘리기 위한 고려였다.

② 홍수 피해가 잦은 지방에서는 역대 최고의 홍수 수위까지 콘크리트 축대를 쌓아 올린 다음 그 위에 학교를 건설했다. 그렇게 함으로써 아무리 큰 홍수가 나더라도 마을 주민들이 학교로 안전하게 대피할 수 있도록 배려했다.

③ 학교 지붕은 포스코가 현지 생산한 최고급 강판을 사용하여 어떤 외부 충격이 있더라도 견딜 수 있도록 철제 빔으로 견고하게 고정되었고, 태양열을 차단하기 위해 지붕과 천장 사이에는 방열재를 끼워 넣었다. 교실이 밝고 시원하도록 창을 크게 만들었고 유리는 아이들이 장난을 쳐도 깨지지 않도록 두꺼운 유리를 사용했다.

④ 교실 안에는 형광등과 선풍기, 그리고 한국에서 직송해 간 고급 칠판이 설치되었고, 책상과 걸상도 모두 한국에서 수입한 자재로 제작했다. 교무실에는 교장과 교사들의 책상 및 회의탁자가 비치되었다.

⑤ 화장실은 베트남 중부지방의 학교로서는 아마도 사상 처음으로 지붕과 칸막이와 문이 설치된 문명사회의 화장실로 건축되었다. 종래 남자와 여자, 교사와 학생이 공동으로 사용하던 화장실을 교사용과 학생용, 남자용과 여자용으로

베트남 중부지방 답사 시 방문한 전형적인 현지 초등학교

한국 정부가 베트남 중부지방에 건설한 현대식 초등학교

구분했다.

⑥ 가장 신경을 쓴 것은 식수였다. 중부지방이 워낙 가난하여 위생에 신경 쓴 제대로 된 우물이 있는 마을이 별로 없었다. 그래서 지하 20미터 이상 깊숙이 우물을 파고 전기 펌프가 구비된 자동급수시설을 모든 학교에 설치해 학생과 인근 주민이 함께 사용할 수 있도록 했다.

⑦ 학교 부지가 충분히 넓은 경우 학교 앞마당에 축구장을 조성해주었다. 축구는 베트남 남녀노소가 가장 열광하는 스포츠였다. 지형이나 중요도에 따라 축구 골대만 세운 곳도 있고 약식 스탠드까지 설치한 곳도 있었다.

⑧ 베트남에 진출한 우리 기업들로부터 기부금을 모금해 학교마다 미끄럼틀을 하나씩 기증했고, 이를 기증한 한국 기업의 이름을 새겨 넣었다. 베트남 전역에 미끄럼틀이 한 개도 없어서 서울에서 설계 도면을 얻어다 현지에서 제작·설치했다.

⑨ 전체 학교 명단을 현지의 한국 기업과 국내 사회사업단체, 자원봉사단체 등에 통보하고, 향후 베트남에서 지원 사업을 할 경우 가급적 우리가 건설한 학교 소재지를 중심으로 실시해주도록 협조를 요청했다.

마지막으로 한 가지 할 일이 더 남아 있었다. 위령비 문제로 디엔즈엉 주민들에게 미안하기도 하고 또 하이 인민위원

장에게 뭔가 선물을 주고 싶었다. 그때 떠오른 것이 디엔즈
엉 청룡부대 기지의 위병소 바로 앞에 있던 교실 두 개짜리
미니 초등학교였다. 그 학교는 장거리 등교가 어려운 초등학
교 1학년생들만 사용하고 있었는데, 곧 허물어질 듯한 상태
로 보아 전쟁 당시 한국군이 지은 것이 아닌가 추정되었다.

기공식을 위해 디엔즈엉에 갔을 때 학교는 폐쇄되어 있었
다. 언제 무너질지 몰라 더 이상 사용하지 못하고 학생들을 먼
곳에 있는 학교로 이전시켰다고 했다. 그래서 예정에 없었던
선물로 교실 두 개짜리 학교를 그 자리에 새로 지어주었다. 서
울에 예산을 신청하려 했으나, 시공사인 포스코개발의 박동
철 지사장은 기꺼이 무상으로 공사를 해주었다.

 과거사 현장의 감격스러운 태극기

2001년 9월 5일과 6일 양일에 걸쳐 개최된 꽝남성과 꽝응아
이성 스무 개 학교의 준공식에 참석하기 위해 다섯 번째로
중부지방을 방문했다. 이번에는 준공식에 이어서 바로 나머
지 세 개 성인 빈딘성, 푸옌성, 카인호아성으로 부지 조사를
떠나야 했기에 출장 기간이 무려 13박 14일이나 되는 강행군
이었다.

준공식은 꽝남성 디엔반현 디엔꽝면과 꽝응아이성 빈선현 빈호아면에서 각각 개최되었다. 기공식 때와 마찬가지로 하노이에서 공산당 대외위원회, 교육과학위원회, 외교부, 교육부, 재향군인회 등 주요 관계기관의 간부들이 참석했고, 성 인민위원회와 각 현의 인민위원회 간부, 당서기, 교장, 교사, 학생 등이 대거 참석했다.

준공식에서는 두 학교에 모두 태극기가 게양되었다. 신축된 학교 건물에는 '대한민국 정부가 베트남 인민들을 위해 기증한 학교'라는 문구와 함께 태극기와 베트남 국기가 나란히 새겨진 동판이 교무실 입구에 부착되었다.

양민학살 의혹으로 수차례 언론에 오르내렸고 답사할 때 분위기가 가장 험악했던 빈호아면에서의 준공식은 실로 감개무량했다. 이제 그곳 주민과 학생들은 태극기를 볼 때마다 그들에게 공포와 원한의 대상이었던 과거의 한국이 아니라 그들의 친구가 되어 다시 찾아온 새로운 한국을 생각하게 될 것이었다.

운동장 한구석에 설치된 미끄럼틀에는 벌써부터 동네 꼬마들이 모여들어 북적대고 있었다. 그 미끄럼틀은 아마도 베트남 역사상 최초로 건설된 교내 놀이시설이 아닐까 싶다. 그곳에 미끄럼틀을 설치한 것은, 안동의 가난한 촌에서 태어나 초등학교 시절 학교에서 미끄럼틀 타는 것이 유일한 기쁨이었다는 대사관 동료 유시적 서기관의 권유에 따른 것이었다. 준공식이 개최된 두 학교의 미끄럼틀에는 이를 기증한 한국통신과 삼성엔지니어링의 이름이 각각 새겨졌다.

준공식에 참석한 꽝남성 인민위원회 람 부위원장은 과거 일본이 중부지방에 초등학교를 건설할 때 무려 10년이 걸렸다고 회상하면서, 한국 대사관이 3개월 만에 스무 개 학교를 완공하겠다는 황당한 계획을 제시했을 때 자신은 솔직히 이를 믿지 않았다고 실토했다. 그리고 감사의 뜻으로 우리 측 부담 사항인 거액의 준공식 경비를 기꺼이 꽝남성 인민위원회 예산으로 지불했다.

6. 마지막 관문을 넘어서

●

그는 재향군인회 본부의 빈 상무위원으로부터

우리 답사팀의 신변 안전과 관련한 우려의 전화를 재차 받았다고 하면서,

바로 그 마을이 가장 위험한 지역이라

마을의 재향군인회 회원들을 규합해 신변 보호차 나온 것이라고 말했다.

눈물이 나올 정도로 고마웠으나,

그가 규합해 나왔다는 재향군인들은 모두 삐쩍 마른 노인들이어서

그들이 유사시에 얼마나 보호자 역할을 수행할 수 있을지는 미지수였다.

오랜 두려움의 대상이었던 빈딘성

꽝남성과 꽝응아이성에서의 준공식에서 느꼈던 뿌듯한 감회를 뒤로하고, 나와 몇몇 직원들은 차를 남으로 달려 빈딘성 꾸이년으로 향했다. 그 이듬해에 스무 개 학교를 건설할 예정인 빈딘성, 푸옌성, 카인호아성 등 세 성에 대한 부지 조사를 실시하기 위해서였다. 학교 건설 사업이 종료된 뒤 중부지방 다섯 성에 병원을 한 개씩 건설하는 후속 사업을 위한 조사 활동도 병행했다.

KOICA 본부의 중후한 김학서 팀장, '레옹'을 닮은 열정적인 이욱헌 KOICA 사무소장, 우리를 항상 즐겁고 안도하게 해주는 '엄&이 설계사무소'의 김종민 부장, 대사관의 믿음직

스런 비서 푸엉(영어 통역), 참새처럼 재잘대는 KOICA 사무소의 떰띵(한국어 통역), 그리고 베트남 교육부 직원 두 명 등 총 여덟 명으로 구성된 황금 멤버였다. 총 13일에 걸친 세 개 성 방문 일정은 다음과 같았다.

9.6(목)   14:00 빈딘성 성도 꾸이년으로 이동

9.7(금)   08:30 빈딘성 인민위원회 방문

　　　　　10:30 빈딘성 재향군인회 방문

　　　　　14:00 학교 부지 2곳 답사(꾸이년시)

9.8(토)   08:30 학교 부지 3곳 답사(꾸이년시 인근)

9.9(일)   휴무

9.10(월) 08:00 학교 부지 5곳 답사(떠이선현)

9.11(화) 09:00 빈딘성 인민위원회와의 1차 협의

　　　　　14:00 빈딘성 인민위원회와의 최종 협의

9.12(수) 08:00 푸옌성으로 이동

　　　　　09:00 학교 부지 4곳 답사(푸옌성 북부)

　　　　　17:00 푸옌성 성도 뚜이호아 도착

9.13(목) 08:30 푸옌성 인민위원회 방문

　　　　　10:00 푸옌성 재향군인회 방문

　　　　　11:00 학교 부지 세 곳 답사(푸옌성 남부)

9.14(금) 09:00 학교 부지 한 곳 답사(푸옌성 남부)

12:00 푸옌성 인민위원회와의 최종 협의

14:00 카인호아성으로 이동

9.15(토)~9.16(일) 휴무

9.17(월)   08:30 학교 부지 두 곳 답사(닌호아현)

11:30 닌호아 소재 현대조선소 방문

16:00 카인호아성 인민위원회 방문

9.18(화)   13:00 하노이 향발

꽝남성과 꽝응아이성은 이미 네 번이나 방문해 익숙했지만, 새로 답사해야 할 세 성은 한 번도 답사한 적이 없는 미지의 세계였다. 특히 맨 먼저 방문하게 될 빈딘성은 중부지방 다섯 성 중에서도 반한감정이 가장 심하기로 유명했다. 1999년 말에 홍수 구호품 전달차 성도인 꾸이년을 방문한 적은 있었으나, 이번에는 빈딘성의 전쟁 피해 마을들을 구석구석 돌아다녀야 한다는 점에서 차원이 다른 도전이었다.

베트콩 측 자료상 한국군에 의한 민간인 피해 규모가 가장 큰 곳이라고 기록된 빈딘성의 떠이선현은 내륙 산악지대 깊숙이 위치했다. 그 자료에 따르면 떠이선현의 민간인 희생자 숫자는 다른 현들보다 자리수가 하나 더 많았고, 그래서 무려 다섯 개의 학교를 그곳에 건설하기로 계획되어 있었다.

베트남전쟁 당시 맹호사단 전체 병력의 약 절반인 1개 연

대가 떠이선현에 배치되어 있었고, 1972년 유명한 '안케 전
투'가 벌어진 곳도 바로 그곳이었다.

당시 북베트남 정규군은 비밀 침투루트였던 호찌민루트
를 통해 라오스 밀림을 경유해 빈딘성으로 병력을 쏟아붓고
있었다. 호찌민루트를 통과하는 병력 중 일부가 도중에 꽝남
성, 꽝응아이성, 후에성 등으로 빠져나가기도 했으나 주력부
대는 빈딘성을 향했던 것으로 기록되어 있다. 안케고지는 꾸
이년에 이르는 이동로의 길목에 위치한 곳이었다. 베트남전
쟁 당시 전사한 한국군 병사 중 43퍼센트인 2,111명이 맹호부
대 병사들이었던 것은 이러한 지리적 요인과 무관하지 않을
것이다.

빈딘성은 앞서 방문한 북부 두 성과는 달리 예비 조사도
실시하지 않고 처음 가는 곳이었기에 현지 분위기도 몰랐고
무슨 일이 벌어질지 예상할 수도 없었다. 한 가지 분명한 것
은 빈딘성이 다섯 성 중 가장 위험할 수도 있는 지역이라는
것뿐이었다. 더욱이 꾸이년은 옛날부터 베트남 내에서 주민
들이 가장 호전적이고 무뚝뚝하기로 정평이 난 곳이었고, 여
자들까지도 모두 전사(戰士)처럼 용맹하다는 소문이 베트남
전국에 파다한 지방이었다.

꽝응아이에서 차로 네다섯 시간 달려 빈딘성 성도 꾸이년
으로 가는 길은 도로 사정이 꽤 안 좋았고, 남쪽으로 갈수록

주민들의 경제사정도 점점 어려워지는 것 같았다. 우리는 무엇보다도 중부지방 다섯 성 중 가장 어려운 지역으로 진입하고 있다는 생각에 마음이 심란했다. 차 안에서 일행에게 빈딘성과 관련된 과거사를 설명하고 각오를 단단히 하도록 일렀다.

빈딘성의 열 개 학교 부지들은 산악지대 도처에 산재해 있어 답사에 무려 6박 7일이 걸렸다. 꾸이년 시내에 호텔이라고는 단 두 개뿐이었지만, 그래도 호텔이 전혀 없는 푸옌성보다는 사정이 나았다.

꾸이년은 대도시인 다낭과 냐짱의 한가운데 있는 인구 약 20만 명의 소도시로, 대도시와 거리가 먼 만큼 호텔도 꽝응아이성에 비하면 형편없었으나 선택의 여지가 없었다. 그곳에서 가장 어려운 문제는 음식이었다. 꽝응아이성은 새우 양식을 많이 하는 곳이어서 새우라도 먹고 지냈지만, 빈딘성에는 해산물조차 거의 구경하기 힘들었다.

 험난하고 아찔했던 순간들

꾸이년에 도착한 다음 날인 9월 7일 우리는 맨 먼저 빈딘성 인민위원회를 찾아갔다. 빈딘성 인민위원회 부위원장은 별로 말이 없었고 사업에 관심을 갖고 있는 것 같지도 않았다. 그저 마지못해 시간을 때우려는 것처럼 느껴졌다.

인민위원회 방문에 이어서 빈딘성 재향군인회장을 찾아갔다. 바싹 마른 체구의 응우옌쫑루(Nguyen Trong Lu) 회장은 베트남전쟁 당시 대령으로서 빈딘성 주둔 베트콩 정규군 전체의 당서기로 재직했다고 자신을 소개했다. 말하자면 베트콩 부대 내에서 최고위 정치·군사 책임자였다.

그는 하노이 재향군인회 본부의 빈 중앙상무위원이 직접 전화를 걸어 협조를 당부했다고 자랑스럽게 말하면서 이웃집 할아버지처럼 우리를 반갑게 맞았다. 당서기 출신 거물답게 어떤 질문에 대해서도 그는 거침없이 답변했다. 그가 말한 요지는 다음과 같았다.

빈딘성에 대한 한국 정부의 인도적 지원 사업을 전폭 환영한다. 그것은 이 지역에 잔존하는 전쟁의 상처를 치유하는 데 큰 도움이 될 것이다. 우리 두 나라는 과거를 잊고 미래를 위해 협력해야 한다. 베트남 공산당과 정부는 인민에게 과거를 잊으라고 계속 교육을 시키고 있다.

과거 빈딘성에서 양국 군대 간에 치열한 전투가 빈번했고 그 과정에서 상당한 민간인 피해가 발생했던 것이 사실이다. 그러나 빈딘성 인민은 과거를 잊기 위해 노력하고 있으며 지금은 한국에 대한 어떠한 원한이나 적대감도 없다.

베트남 속담에도 있듯이 베트남 사람들은 '도망치는 자는 때려도 제 발로 찾아오는 자는 때리지 않는다.' 한국 정부가 스스로 화해를 위해 이곳에 찾아왔으니 빈딘성 주민들이 이를 환영하지 않을 이유가 없다.

당시 빈딘성에는 다른 성보다 훨씬 많은 3만 2,000명 규모의 베트콩 정규군이 주둔하고 있었다. 일반적으로 잘못 알려져 있으나, 베트콩 정규군 부대는 부락에서 위장하고 숨어 있던 적이 한 번도 없었다. 우리는 항상 식별 가능한 제복을 착용했고 산악지대에 주둔하면서 대규모 전투에만 참여했다. 나도 대미전쟁 기간 중 한 번도 제복을 벗은 일이 없었다.

한국군 부대가 마을을 통과하면서 잠복했던 베트콩으로부터 총격을 받는 경우가 더러 있었다. 그러나 그것은 마을 내의 비정규 베트콩들이 상부 허가 없이 행한 독자적 행동이었으며, 베트콩 정규군과는 무관한 일이었다. 그러한 행동은 커다란 민간인 피해를 수반하는 경우가 많았기 때문에 우리는 그런 행동을 환영하지 않았다.

빈딘성에 주둔했다는 3만 2,000명의 베트콩 정규군 규모는 그의 말대로 다른 성과는 비교가 안 되는 대병력이었다.

호찌민루트에 위치한 관계로 북베트남으로부터 병력을 계속 보충받을 수 있었기 때문일 것이다. 총병력이 겨우 1만 명 남짓한 2개 연대 병력으로 참전했던 맹호사단은 1개 연대를 빈딘성 떠이선현에, 다른 1개 연대를 푸옌성에 배치하고 있었으니, 빈딘성 내 3만 2,000명의 베트콩 정규군 병력은 그들에게는 지극히 버거운 상대였을 것임에 틀림없다.

공식 기록에 따르면, 맹호사단은 참전 기간 중 총 521회의 대부대전투와 17만 4,586회의 소부대전투를 겪었다. 매달 평균 6회의 대부대전투와 약 1,900회의 소부대전투를 겪은 셈이다. 전투 횟수가 하루 평균 65회에 달했으니, 당시의 어려움을 짐작하고도 남는다. 전사자가 참전 인원의 1.8퍼센트인 2,111명에 불과한 것이 오히려 신기할 뿐이다.

루 재향군인회장과의 유익한 대화 덕분에 빈딘성 일정의 시작은 그런 대로 괜찮았으나, 그 이후로는 모든 것이 실망의 연속이었다. 우리는 가깝고 쉬운 곳부터 답사를 시작했다. 문제의 떠이선현과 일찍 마주치기가 부담스러웠기 때문이다. 그럼에도 불구하고 첫날부터 현지 반응은 엄청나게 차가웠다. 꽝남성이나 꽝응아이성과는 모든 것이 너무나 대조적이어서 마치 다른 나라에 온 듯한 느낌이었다.

꽝남성·꽝응아이성과는 달리 직접 관련된 교직원 몇 명만이 극히 사무적인 태도로 우리를 맞았다. 성 인민위원회나 현

인민위원회로부터 형식적인 오찬이나 만찬 제의조차 받지 못한 것은 물론이고, 물 한 잔도 얻어먹지 못한 곳이 대부분이었다. 학생들은 휴식 시간이 되어도 밖에 나와 우리를 구경하지 않았고 창밖으로 물끄러미 쳐다보기만 했다. 한마디로 우리에 대한 모든 반응이 너무도 부자연스러웠다.

학교 건축과 관련된 기술적인 문제들을 협의할 때도 그들의 태도는 지극히 비타협적이고 퉁명스러웠다. 그들은 이구동성으로 넓은 학교 부지의 가장 후미진 구석에 학교를 지으라고 우겼다. 그 이유를 물으니, 중앙부에는 이미 성 인민위원회의 대규모 학교 신축 계획이 확정되어 있기 때문이라고 했다. 우리는 가는 곳마다 똑같은 요구 사항과 똑같은 주장을 들어야 했다. 마치 누군가의 각본과 지시에 의해 움직이고 있는 듯이 느껴졌다.

그뿐만 아니었다. 그들은 우리가 묻기도 전에 앞산 뒷산을 가리키며 저기가 맹호부대가 주둔하던 곳이었고 저기서 민간인들이 많이 죽었고 하는 식으로 설명을 했다. 학교 건축과 관련된 이견이라도 생기면 전쟁 피해에 대한 보상을 하는 것인데 자기들이 원하는 대로 해주면 되는 것 아니냐고 꾸짖듯이 말하곤 했다. 처음에는 죄지은 사람처럼 마지못해 그들의 입장을 수용했으나, 매번 같은 일이 반복되자 미안한 감정은 사라지고 분노가 치밀었다.

참다못해 빈딘성 사업을 포기할 각오로 제동을 걸었다. 우리는 "성 인민위원회 측이 이미 별도로 대규모 학교 신축을 계획 중이라 하니 우리 학교는 별로 필요가 없겠다. 그러니 자체 신축 계획이 없는 보다 가난한 마을을 찾아달라"라고 요구했다. 그러자 그들은 당황하며 그건 당장의 계획이 아니라 최소한 10년 후의 장기 계획이라고 하면서 물러섰다.

그런 식으로 우리 입장을 관철해나갔지만 매번 판에 박은 입씨름을 해야 했기 때문에 기분이 몹시 언짢았다. 또한 찌는 더위 속에서 종일 물 한 잔도 얻어 마시지 못하는 상황이어서 육체적 고통도 적지 않았다. 우리는 하는 수 없이 꾸이년 시내 시장을 한참 뒤진 끝에 커다란 아이스박스를 하나 사서 대량의 음료수를 얼음에 채워 갖고 다녔다.

그러던 중 9월 8일 뚜이푸윽현 프억홍면이라는 곳에 갔다. 그곳에서는 다른 곳들과는 달리 인민위원회 회의실로 먼저 안내되었고 많은 사람들이 우리를 기다리고 있었다. 빈딘성에서 인민위원회 사무실로 안내된 것은 그곳이 처음이었다. 그래서 우리는 그들이 우리를 좀 예의 있게 대하려나 보다 생각하고 기대했으나 실상은 그게 아니었다.

그곳 인민위원장은 미군과 한국군이 전쟁 기간 중 빈딘성 주민들에게 얼마나 많은 고통과 피해를 안겨주었는지, 전쟁의 후유증 때문에 빈딘성 주민들이 얼마나 가난과 고엽제 피해에 시달리고 있는지 장황하게 설명했다. 검사가 논고를 하는 듯했다. 그러고는 그 마을에서 학살된 양민을 위한 위령비가 있으니 학교 부지 답사에 앞서 먼저 보러 가자고 했다. 우리는 하자는 대로 따라 나섰다.

사무실에서 불과 100미터 정도 떨어진 곳에 초대형 위령비가 세워져 있었다. 10미터가 훨씬 넘는 높이였다. 위령비에는 "미군과 그 주구(走狗)들에 의해 1966년 3월 23일 학살된 140명의 동포를 추모한다"라는 제목과 함께 사망자 명단이 새겨져 있었다.

우리는 '미군'이라는 글씨를 보고 일단 안도했다. 그간 만난 위령비들이 밀라이마을 외에는 모두 한국군과 관련된 것이었기에, 미군이 관련된 위령비나 아니면 최소한 미군과 한국군이 함께 관련된 위령비라도 발견하면 차라리 마음의 부담이 좀 덜하리라는 것이 당시의 솔직한 심정이었다. 미군이 학살한 것이 사실이냐고 인민위원장에게 물었더니 그는 그렇다고 했다. '아, 드디어 발견했다'고 우리는 생각했다.

그러나 그는 곧 말을 이었다. 미군이 학살했지만 실제로는 미군의 지시로 맹호부대가 학살을 했다는 것이었다. 당시 그 마을에 살던 소수의 비정규 베트콩이 인근의 한·미 합동부대를 밤중에 공격했고, 그에 대한 보복으로 다음 날 새벽 미군, 한국군, 남베트남 정부군이 동시에 마을을 기습했으며, 그

빈딘성 뚜이푸옥현 프억흥면의 위령비

과정에서 한국군이 주민 140명을 모아놓고 사살했다는 것이
었다. 우리는 모두 망연자실하여 할 말을 잃었다.

그때 구세주가 나타났다. 꾸이년에서 만났던 루 재향군인
회장이 20~30명의 무리와 함께 나타났다. 사실 진즉에 와 있
었으나 우리가 긴장한 나머지 미처 모르고 있었다. 그는 재
향군인회 본부의 빈 상무위원에게 답사팀의 신변 안전과 관

련한 우려의 전화를 재차 받았다고 하면서, 바로 그 마을이 가장 위험한 지역이라 마을의 재향군인회 회원들을 규합해 신변 보호차 나온 것이라고 말했다.

그의 말이 눈물겹도록 고마웠으나, 그가 규합해 나왔다는 재향군인들은 모두 삐쩍 마른 노인들이어서 그들이 유사시에 얼마나 보호자 역할을 수행할 수 있을지는 미지수였다. 그래도 베트남 사회의 유교적 전통 때문에 노인에 대한 공경심이 남다르다는 점을 생각하니 조금은 위안이 되었다.

루 회장은 그곳에서 몇백 미터 떨어진 학교 부지를 답사할 때도 계속 우리와 함께 다녔다. 수십 명의 마을 주민이 무표정한 얼굴로 우리를 빤히 바라보면서 따라다녔다. 그들과 눈이 마주칠 때마다 왠지 무언가 섬뜩하여 기분이 개운치 않았고, 앞장서서 걸을 때는 그들의 따가운 시선이 뒤통수에 느껴졌다. 다행히도 루 회장이 데려온 재향군인회 노인들은 우리에게 꽤 우호적인 것 같아 좀 안심이 되었다.

학교 부지는 유난히도 좁았다. 우리는 가급적 마을 주민들과 거리를 두려 노력했으나, 부지 앞길이 너무 좁아서 그들과 밀착될 수밖에 없었다. 나는 긴장을 이기기 위해 재향군인회 회원들에게 말을 걸어보기도 했으나 신경은 온통 딴 데가 있었다. 내 옆에서는 김종민 부장이 분위기를 전환시켜보기 위해 과장되게 명랑한 표정으로 인민위원회 사람들과 뭔가 열심히 협의하고 있었다.

그때 통역으로 동행했던 대사관 비서 푸엉이 새파랗게 질린 표정으로 다가오더니, 분위기가 너무 살벌하므로 속히 자리를 뜨는 게 좋겠다고 했다. 모두들 기다렸다는 듯이 고개를 끄덕였다. 김종민 부장도 더는 못 참겠다는 듯 울상을 지었다. 우리는 서둘러 일을 마무리하고 도망치다시피 그곳을 떠났다. 차에 올라 바퀴가 굴러가는 것을 확인하고서야 다들 안도의 숨을 내쉴 수 있었다.

 처절한 역사의 현장 떠이선

9월 10일은 중부지방 전역에서 가장 어려운 지역이 될 것으로 예상된 떠이선현을 방문하는 날이었다. 떠이선현은 빈딘성 성도이자 맹호부대 사령부가 있던 꾸이년에서 안케고지를 거쳐 호찌민루트로 가는 길목에 자리 잡고 있었다. 역으로 말하면, 호찌민루트를 통해 침투한 북베트남 정규군이 꾸이년을 점령하려면 반드시 통과해야 하는 전략 요충지가 바로 떠이선현이었다. 떠이선현 서쪽 끝에 위치한 안케고지에서 1972년 4월 18일부터 5월 15일까지 약 한 달간 주베트남 한국군의 작전 중 가장 치열하고 희생이 많았던 '안케 전투'가 벌어졌다.

떠이선현은 꾸이년에서 멀리 떨어진 고산지대이고 학교 건립 대상지가 다섯 군데나 되어 새벽 일찍 출발해 온종일 답사를 했다. 루 회장은 떠이선현 방문 시에도 우리가 예민한 지역에 들어갈 때마다 재향군인회 간부와 회원들을 대동하고 미리 도착하여 우리를 맞이하곤 했다. 칠십이 넘는 노구를 이끌고 자전거나 오토바이로 몇 시간에 걸쳐 이동했을 테니 보통 일이 아니었을 것이다. 상부의 지시가 있었다고는 하나, 그가 진심으로 많이 도와주어서 정말 고마웠다.

떠이선현은 산골 벽지지역이어서 주민들의 삶이 가난하기 그지없었다. 과거사 문제가 아니더라도 도와주고 싶은 충동이 저절로 우러날 만한 고장이었다. 안케고지를 향해 끝없이 고도를 높여가는 지역이었기에 논은 거의 없고 뭔지 모를 밭농사를 짓고 있었다. 산을 중턱까지 개간해 밭농사를 짓고 있었기 때문에, 베트남전쟁 당시 맹호부대 병사들을 괴롭혔던 밀림 같은 것은 어디에도 없었다.

우리는 떠이선현이 중부지방 다섯 개 성을 통틀어 가장 어려운 곳일 것으로 믿었기 때문에 마음의 준비를 단단히 하고 갔다. 그러나 정작 떠이선현에서는 가는 곳마다 사람들이 비교적 친절하게 우리를 맞았다. 워낙 가난한 고장이어서 사람들이 순수하기 때문에 그랬는지도 모른다. 학교 건설과 관련

베트남 중부지방 산악 지대 풍경
산 중턱까지 농토로 개간되어 밀림은 어디서도 찾아볼 수 없다.

된 기술적 문제에 대해서도 현지 인민위원회가 상당히 협조
적이었다. 이따금 베트남전쟁 당시 상황에 관해 언급할 때에
도 그들은 초연한 표정으로 그저 담담하게 얘기했다.

그곳에서는 음료수도 대접받고 점심식사에도 한 번 초청
받았다. 제대로 된 식당이 없어 떠이선 읍내의 간이식당 같
은 곳에서 식사를 했다. 워낙 시골 벽지라서 음식의 질은 기
대할 것이 없었다. 그러나 처절한 역사의 현장인 떠이선현에
서 식사 초청을 받았다는 사실 자체만으로도 우리는 감격하

빈딘성 떠이선현 떠이빈면의 위령비

여 모두들 맛있게 먹었다.

떠이선현의 초입에 있는 떠이빈면에 대한 답사가 끝난 후 인민위원회 사람들은 우리를 마을 위령비가 있는 곳으로 안내했다. 그 전날 갔던 프억홍면과는 달리 그저 구경시켜주기 위해 데려간 것이었다. 상당히 큰 위령비였다.

"미군의 침략 원한을 깊이 새긴다. 1966년 2월 26일 남조선 군대가 미 제국주의의 지도하에 380명의 무고한 주민을 학살했다"라는 문구와 함께 희생자들의 이름과 나이가 새겨져 있었다. 프억홍면의 위령비와 마찬가지로 '미군의 지시로' 한국군이 학살했다는 논리였다. 미군의 지시 때문에 그런 일이 발생한 것으로 믿고 있는 것이 그나마 다행이었다.

현지 인민위원회 안내원은 1966년 2월 26일 하루 동안 맹호부대에 의해 떠이빈면 전역에서 민간인 1,028명이 학살되었으며, 그 위령비는 바로 그 자리에서 한꺼번에 숨진 380명의 희생자들만을 위한 것이라고 설명했다. 다른 희생자들을 위한 위령비도 있는지 문의하자, 그는 주민들이 위령비 건립을 염원하고 있으나 너무 가난하여 건립 비용을 마련하지 못하고 있다고 말했다. 떠이선현 내의 다른 면에서도 위령비는 발견할 수 없었다.

안케고지에서 가장 가까운 떠이투언면을 답사할 때는 안케고지로 가는 산길이 첩첩산중 사이사이로 꾸불꾸불 올라가고 있는 것이 눈에 보였다. 그날의 처절한 전투 장면과 병사들의 아우성이 머리에 스쳐가 가슴이 뭉클했다. 시간이 허락되면 안케고지에 꼭 가보고 싶었으나, 워낙 험한 산길이라 해가 지기 전에 꾸이년으로 돌아가야 하는 관계로 아쉬운 발길을 돌려야 했다.

김치 한 그릇에 시름을 달래고

그날 저녁 루 재향군인회장은 우리를 저녁식사에 초청했다. 루 회장은 빈딘성 주민들이 우리를 크게 환영하고 있다고 하면서, 빈딘성에 대한 인상을 물었다. 그를 실망시키기는 미안했으나, 나는 부지 조사 과정에서 느낀 냉랭한 반응들을 솔직하게 말했다.

"재향군인회와는 달리 각급 인민위원회나 주민은 우리의 학교건설 사업을 별로 환영하지 않는다는 인상을 받았고, 아마도 성 인민위원회 측에서 무언가 일괄적인 지시를 한 것으로 추측된다."

사실 그랬다. 빈딘성에 온 이래로 방문하는 곳마다 현지 인민위원회와 주민은 각본이라도 짠 듯이 일제히 냉랭하고 무관심한 반응을 보였고, 우리는 그런 상황에서 꼭 빈딘성에 학교를 지을 필요가 있는지 의문을 느꼈다. 환대를 기대한 것은 아니었지만 그렇다고 무릎 꿇고 용서를 빌기 위해 그곳에 간 것도 아니었다. 주민이 원한다면 기꺼이 도움을 줄 것이나 원치 않는 도움을 군이 강권할 생각은 없었다.

루 회장은 의외의 반응에 놀란 듯했다. 그는 빈딘성 사람들이 본래 무뚝뚝해 오해를 샀을지 모르나, 한국에 대한 어떤 부정적 감정을 갖고 있는 것은 절대 아니라고 말했다. 그는 빈딘성이 중부지방에서 가장 가난한 지역 중 하나로서 한국 정부의 지원을 절실히 필요로 하고 있다고 강조했다.

다음 날인 9월 11일 아침 빈딘성 인민위원회 부위원장에게서 저녁식사에 초청한다는 제의가 왔다. 예정에 없던 제의였다. 아마도 루 재향군인회장으로부터 얘기를 전해 듣고 우리를 달래기 위한 것이 아닌가 싶었다. 우리는 성 인민위원회에 대한 섭섭한 감정도 있고 해서 만찬 제의를 일단 사양했으나, 거듭 제의가 와서 하는 수 없이 수락했다. 그는 우리의 동의도 받기 전에 우리가 투숙하던 호텔 식당에 이미 성대한 식사를 주문해놓고 있었다.

별로 달갑지 않은 식사 초청이었으나 김치가 반찬으로 나와서 모두들 뛸 듯이 반가웠다. 웬 김치냐고 물었더니, 빈딘성에서는 맹호부대가 주둔한 이래 김치가 보편화되어 일반 시장에서도 김치를 판매한다고 했다. 우리가 묵던 호텔에서도 미리 주문만 하면 김치가 나온다는 말이었다. 세상에! 빈딘성 체류 마지막 날에야 그걸 알려준 그 사람들이 정말 야속했다. 빈딘성의 김치는 우리 김치와 맛이 거의 같았고 오히려 더 매워서 우리의 속을 풀어주기에 충분했다.

성 인민위원회 부위원장은 우리가 실망감을 느꼈으리라고 믿어지는 사항들에 대해 해명했다. 빈딘성은 한국 정부의 학교 건설을 적극 환영하고 감사하며, 빈딘성 주민은 그러한 외부의 지원을 간절히 필요로 한다고 했다. 부지 답사 때 분위기가 썰렁했던 것은 우리의 안전을 위해 주민의 접근을 통제했기 때문이라고 했다. 또한 부지 조사 과정에서 의견 충돌이 있었던 사항들에 대해서는 우리의 입장을 모두 수용하겠다고 했다.

그날 밤 만찬이 끝나고 호텔에서 짐을 꾸리고 있는데 하노이에서 긴급연락이 왔다. 미국 뉴욕에 난리가 났으니 속히 CNN을 켜보라는 것이었다. 객실에는 TV가 없어 급히 로비로 내려갔더니 뉴욕 세계무역센터 건물 하나가 불타고 있는 장면이 눈에 들어왔다. 곧이어 두 번째 건물에 여객기가 충돌하면서 불길이 치솟았고, 이내 건물들이 무너져 내렸다.

이게 무슨 공상과학영화도 아니고 대체 무슨 일이 일어나고 있는 것인지 전혀 실감이 나지 않았고, 어딘가 다른 혹성에서 벌어지고 있는 일 같았다. 그 순간 나는 잠시 과거사의 심연에서 벗어나 9·11 테러의 현실로 돌아올 수 있었다. 호텔 로비에서 말없이 CNN 방송을 바라보고 있는 한 무리의 베트남 사람들이 시야에 들어왔다. 미국에 대한 한스러운 기억을 간직한 이 고장 사람들은 저 장면을 보면서 무슨 생각을 할까 궁금했다.

너무도 가난했던 푸옌성

빈딘성에서의 일정을 마치고 9월 12일 아침 일찍 꾸이년을 떠나 푸옌성을 향해 남하했다. 푸옌성 접경에 도착하자 푸옌성 인민위원회 직원들이 대거 마중 나와 있었다. 다른 성에서는 보통 두세 명의 안내원이 나왔으나, 푸옌성에서는 일고여덟 명이나 되는 사람들이 마중을 나왔다.

푸옌성에는 제대로 된 호텔이나 여관이 하나도 없는 관계로 오래 체류하기가 어려워서 가능한 한 체류 기간을 줄이기 위해 북쪽부터 네 개의 학교 부지를 답사한 후 성도인 뚜이호아를 향해 남하해 내려갔다.

푸옌성에는 꾸이년과 인접한 북부지역에 맹호사단 1개 연대가 주둔했고, 남부지역에는 백마사단이 다섯 개 현 39개 지역에 걸쳐 분산되어 있었다는 것이 현지 재향군인회의 설명이었다. 우리의 공식 기록에 따르면, 백마사단은 연인원 10만 336명이 참전해 대부대전투 478회, 소부대전투 21만 1,236회를 겪었고 1,320명이 전사했다. 전투횟수는 월평균 2,700회로서 청룡여단이나 맹호사단보다 오히려 많았으나 전사자가 비교적 적은 것으로 보아 상대적으로 덜 위험한 지역이 아니었나 싶다.

푸옌성은 베트콩의 기록으로는 빈딘성에 못지않게 양민

피해가 발생했던 곳이었다. 그러나 문서 내용의 날짜, 장소, 피해 인원 등에 구체성이 부족해 신빙성이 많이 떨어져서 특정한 전쟁 피해 지역을 가려낼 수 없었다. 그래서 우리는 궁여지책으로 성 전역에 여덟 개 학교를 골고루 분산시키기로 했다.

첫날 방문한 푸옌성 북부지방의 학교 부지 중 몇 곳은 베트콩의 기록에 양민피해 발생 지역으로 기술된 곳들이었다. 그러나 부지 답사를 할 때 현지 인민위원회나 주민들로부터 과거사 관련 언급은 없었고 상당히 우호적인 분위기가 느껴졌다.

푸옌성은 중부지방 다섯 개 성 중 가장 가난한 지역으로, 빈딘성과도 비교가 안 될 만큼 상황이 열악했다. 토지는 대부분 풀 한 포기 자라기 어려운 모래사막이었다. 단순히 모래가 많은 정도가 아니라 해변의 모래사장처럼 흙이 전혀 섞이지 않은 모래밭이었다. 안내원은 대부분의 농토에서 감자 농사밖에는 짓지 못한다고 말했다.

푸옌성 인민위원회 직원들은 아주 친절하고 생각이 유연했으며, 우리의 어떠한 요청에 대해서도 협조할 준비가 되어 있었다. 빈딘성과 바로 인접하고 있었으나 전혀 다른 나라 사람들 같았다. 그곳의 학교 부지는 대부분 텅 빈 모래사장 위에 학교를 짓는 것이었기 때문에 측량 후 말뚝만 박으면

되었다. 중앙정부의 예산 지원으로 새로운 주거지를 건설하는 계획이 많았는데, 신규 개발 예정지에 도로계획선을 따라 가장 중심부 명당자리를 학교 부지로 준비해두고 있었다.

기존의 학교 옆에 추가 건축을 하는 경우도 일부 있었는데, 주민들의 일반적 생활 수준에 비해 학교는 그간 답사한 어느 다른 성보다 깨끗하고 훌륭했다. 학교시설 관리에 남다른 신경을 쓰고 있는 것 같았다. 안내원의 말로는 성 인민위원회의 교육 중시 정책에 따라 부족한 예산이나마 학교의 신축과 유지에 최우선의 재원을 할당하고 있다고 했다. 학생들을 위한 그곳 어른들의 배려에 감격해서 우리도 인민위원회가 제기하는 대부분의 요청 사항들을 수용했다.

베트남 사회가 한국과 가장 많이 닮은 사항 중 하나는 열렬한 교육열이다. 우리 부모들이 그러하듯이 베트남 부모들은 자식 교육을 위해 집 팔고 논 파는 일을 마다하지 않기로 유명하다. 과외수업도 보편적으로 행해지고 있다. 그래서 가난한 경제사정에도 불구하고 국민의 문자해독률이 무려 96퍼센트에 달한다.

그날 우리는 푸옌성 북부에 있는 네 곳의 학교 부지를 먼저 답사한 후 남하를 계속하여 저녁 무렵에 푸옌성 성도 뚜이호아에 도착했다. 뚜이호아에 도착하자마자 우리는 그 도시에 존재하는 유일한 호텔로 찾아갔다. 그것은 이름만 호텔

일 뿐, 3층짜리 업무용 건물에 사무실마다 철제침대 하나만 덜렁 들여놓은 기상천외한 호텔이었다. 호텔 내에 식당은 물론 없었고 1층 로비에는 주인이 혼자 책상에 앉아 숙박비를 받고 있었다.

우리는 호텔에 짐을 풀자마자 저녁식사 할 곳을 찾아 한참이나 시내를 방황해야 했다. 호텔 주인에게 어디 가면 밥을 사먹을 수 있는지 물었으나 그는 모른다고 했다. 우리는 그간 터득한 지혜를 발휘해 무조건 해변으로 갔고, 거기에 면적이 서너 평쯤 되는 문자 그대로 포장마차 수준의 식당 한 곳이 있어 급한 대로 허기를 채웠다.

그러나 고난은 그것으로 끝나지 않았다. 가뜩이나 이상한 호텔에 투숙해서 불편하기 짝이 없었는데, 호텔 바로 옆집에 초상이 나서 밤새도록 몇십 분 간격으로 동네가 떠나가게 큰 소리로 북과 꽹과리를 두드려대는 통에 다들 거의 잠을 이룰 수가 없었다.

다음 날인 9월 13일 아침 푸옌성 인민위원회 부위원장과 면담한 후 푸옌성 재향군인회를 찾아갔다. 옹반부이(Ong Van Bui) 푸옌성 재향군인회장도 베트남전쟁 당시 푸옌성 베트콩 총사령관을 역임한 사람이었다.

푸옌성은 분위기가 대체로 우호적이었고 부이 회장도 사람이 좋아 보여서, 베트남전쟁과 관련해 그간 궁금했던 사항들을 많이 물어보았다. 그는 이제 와서 숨길 것이 무엇이 있겠냐는 듯 담담한 표정으로 모든 물음에 대해 답변했다. 그가 말한 내용은 대체로 다음과 같았다.

전쟁 피해 지역에 대한 한국 정부의 학교 건설 사업을 적극 환영한다. 전쟁 기간 중 푸옌성에서 한국군에 의한 많은 민간인 인명피해가 있었던 것이 사실이나, 이는 과거의 일이다. 이곳 주민들은 당과 국가의 방침에 따라 과거를 잊고자 노력하고 있다.

푸옌성에 잔존하는 반한감정은 없으며, 이곳 주민들은 어떠한 한국인의 푸옌성 방문도 진심으로 환영한다. 과거사 극복의 차원에서 한국 재향군인회 대표단이나 베트남전쟁 참전 군인들의 푸옌성 격전지 방문이 조속히 이루어지기를 고대한다. 미국 재향군인들은 이곳을 종종 방문하고 있으나 한국인은 아직 한 명도 온 적이 없다.

본인은 베트남전쟁 당시 푸옌성 베트콩 총사령관으로서 제복을 착용한 수천 명의 베트콩 정규군을 지휘했다. 정규군 외에도 면 단위마다 30명씩의 비정규 베트콩 요원을 운용했다. 정규군의 임무는 전투였고 비정규 요원은 적의 동정을 감시하고 보고하는 것이 임무였다. 이따금 비정규 요원들이 상부의 승인 없이 의협심에서 미군이나 한국군을 공격하는 일이 발생했으나, 이는 지휘부의 의사와는 무관했다.

전쟁 기간 중 미군과도 일부 교전이 있었으나 대부분의 교전은 한국군이 대상이었다. 미군은 안전지대에 주둔하면서 대규모 전투에만 참여한 후 즉각 안전지대로 퇴각한 반면, 한국군은 대체로 위험지대에 노출되어 있었고 일단 점령한 지역을 무리하게 고수하려 했다. 그 때문에 이를 탈환하려는 우리의 공격을 피할 수 없었고 많은 인명 피해가 있었다. 한국군이 왜 그렇게 무리한 방식으로 작전을 수행했는지 이해할 수 없다.

(한국군 전사자에 비해 포로 수가 유난히 적었던 이유를 문의한 데 대해) 베트남전쟁 당시 한국군 포로가 거의 없었던 것은 사실이다. 그것은 당시 베트콩의 교전수칙상 적을 공격할 때 반드시 사살하도록 규정되어 있었기 때문이다. 이는 게릴라전을 수행했던 베트콩으로서는 불가피한 선택이었다. 그 당시 참전했던 한국군 병사들에게는 미안스럽게 생각하지만, 그것이 바로 전쟁이다.

한국군 포로 문제에 관한 그의 언급은 내가 베트남 근무 기간 중 그 문제에 관해 베트남 인사들로부터 들을 수 있었던 유일한 답변이었다. 베트남에 근무하는 기간 중 몇몇 사람들이 한국에 있는 친지들의 소개를 받아 포로가 된 가족의 행방을 찾아달라는 부탁을 했고, 나는 혹시 도울 방법이 있을까 해서 그때마다 재향군인회 등에 도움을 요청했으나, 성과는 아무것도 없었다.

우리는 재향군인회장 면담 직후 뚜이호아시와 그 인근 지역의 학교 부지 네 군데 중 세 곳을 답사했다. 부지가 넓은 지역에 산재하여 이동에 많은 시간이 소요되었으나, 광활한 사막지대를 차로 달리는 묘미도 별로 나쁘지 않았다. 어느 곳에서도 별다른 문제는 없었고 일이 수월하게 진행되었다.

그러나 정말 심각한 문제는 다른 곳에 있었다. 푸옌성에서 가장 어려웠던 점은 빈딘성과 마찬가지로 식사 문제였다. 일주일 이상 입에 안 맞는 음식을 먹다 보니 식사를 거르는 사람들이 점점 늘어났고, 위장병이 생겨 답사에 참여하지 못하는 낙오자까지 발생했다. 특히 이욱헌 KOICA 소장은 현지의 불결한 음식 때문인지 심한 배탈로 며칠을 연이어 굶는 등 고생이 극심했다.

그도 그럴 것이, 식당이라 불릴 만한 시설이 사실상 없었다. 돈을 받고 음식을 파는 제도 자체가 정착되어 있지 않아서 꽝남성이나 빈딘성 같은 식당조차 찾을 수 없었다. 외지인이 거의 오지 않는 곳이니 식당을 차려놓은들 장사가 될 것 같지도 않았다.

간이식당 같은 허름한 식당들을 전전하며 여러 가지 음식을 주문해보았으나 현지 물정을 몰라서 매번 먹기 어려운 이상한 음식들이 많이 나왔다. 마음 놓고 먹을 수 있는 것은 계란부침과 말린 새우 정도가 고작이었다. 물론 음식의 위생 상태는 상상을 불허했으나 그런 건 아무도 개의치 않았다. 하노이에서 비상용으로 지참하고 간 고추장을 반찬 삼아 먹기도 했으나 매끼 그러다 보니 고추장도 바닥나버렸다.

그러던 중 우리는 답사를 위해 1번국도를 주행하다가 우연히 한국 건설업체가 1번국도 푸옌성 구간에서 도로확장공사를 하고 있는 것을 발견했다. 대사관을 통해 연락처를 확인해서 전화를 걸었다. 수차례 시도했으나 연락이 되지 않다가, 푸옌성 체류 이틀째인 9월 13일 오후에야 간신히 전화가 연결되었다. 나는 염치 불고하고, 먹을 것이 없어 다 죽어 가니 밥 좀 얻어먹자고 솔직히 얘기했다. 내 생애 최초의 음식 구걸이었다.

현장사무소에는 한국인 직원이 두 명 나와 있었는데, 그들도 몇 달 만에 동포를 만났다고 무척이나 반가워했다. 그들의 숙소에 가서 모두들 허겁지겁 배가 터지도록 식사를 했다. 현지 베트남인 가정부의 음식 솜씨가 좋아서 김치, 깍두기, 김치찌개, 생선매운탕, 녹두전 등 없는 것이 없게 가득 차린 식단이었다.

현장소장은 가족을 동반하지 못한 것은 물론이고 수개월

동안 한국 사람이 아무도 없는 곳에서 생활하느라 향수병이 꽤 짙은 것 같았다. 이미 몇 달이 지나 너덜너덜해진 주간지를 읽고 또 읽고 있었다. 우리야 곧 하노이로 돌아갈 것이지만, 앞으로도 1~2년간 그곳에 머물러야 하는 그를 생각하니 떠나기가 못내 미안했다.

9월 14일 우리는 푸옌성의 나머지 학교 부지 한 곳을 마저 답사하고 오후에 인민위원회 측과 사업추진 전반에 관해 최종으로 협의했다. 인민위원회 부위원장은 협의 결과에 만족하여 그날 저녁 우리를 만찬에 초청하고자 했다. 고마운 제의였으나, 우리는 음식 문제와 호텔의 시끄러운 환경 때문에 인내의 한계에 도달해 도저히 푸옌성에 더 머무를 수 없다는 결론에 도달했다. 그래서 그에게 거듭 양해를 구하고 저녁 무렵 카인호아성 성도 냐짱을 향해 떠났다.

베트남 중부지방은 도로 사정이 열악하고 야간 교통사고가 많아서 일몰 이후에는 가급적 이동하지 않는 것이 상식이었다. 그러나 푸옌성에 비하면 천국과도 같은 냐짱을 불과 세 시간 거리에 두고 하룻밤을 더 푸옌성에 머무른다는 것은 생각도 하고 싶지 않았다.

먼 훗날 베트남 꼬마들이 증언해주리라

도로공사로 인해 노면 사정이 말이 아니어서 우리는 저녁 식사 시간이 훨씬 지나서야 굶주리고 지친 몸으로 냐짱에 도착했다. 그래도 검푸른 밤바다가 창밖으로 시원하게 내다보이는 번화한 해변 호텔에 투숙해 음식다운 음식을 먹고 나니 정말 살 것 같았다.

중부지방 다섯 성을 연이어 관통해 온 지난 10여 일의 시간이 악몽처럼 느껴졌다. 마침 다음 날이 토요일이어서 우리는 중부지방에 출장 온 이래 처음으로 토요일·일요일 이틀 동안 긴 휴식을 가졌다.

카인호아성은 대망의 마지막 답사지였다. 냐짱은 비교적 큰 도시이고 이전에 두 차례 출장 온 적도 있어 익숙한 곳이었다. 푸옌성과 냐짱의 중간쯤 지점에 현대중공업이 약 2억 달러를 투자해 건설한 100만 평 규모의 수리조선소가 있었다. 당시로서는 베트남 전역에서 가장 규모가 큰 중공업 시설이었고, 한국의 대베트남 중공업 투자의 상징이기도 했다. 그러한 대규모의 수리조선소가 있다는 것은 베트남의 큰 자랑거리였다.

베트남전쟁 당시 카인호아성에는 냐짱에 주베트남 한국

아름답고 평화롭기만 한 카인호아성 해변의 일출
이곳에서 그처럼 처절한 전쟁이 있었다고 누가 상상이나 할 수 있으랴.

군 야전사령부와 군수사령부(십자성부대)가 주둔했고 그 북쪽
으로 1시간쯤 거리에 있는 닌호아현에 백마사단 사령부가
주둔했다. 말하자면 카인호아성은 사실상 주베트남 한국군
야전부대의 중추부였다. 베트콩의 자료에 따르면, 당시 냐짱
시와 세 개 현의 열네 개 지역에 백마사단 병력이 분산 배치
되어 있었다고 한다. 카인호아성 전체의 치안을 유지하는 것
이 주목적이 아니었나 싶다.

베트남의 자료를 보면 카인호아성은 한국군에 의한 양민
피해 기록이 없었다. 더욱이 그곳은 활발한 외국인 투자 유

치로 인해 인근의 다른 성들과 비교가 안 될 정도로 부유한 지역이었다. 그럼에도 불구하고 우리가 그곳에 두 개의 학교를 건설하기로 한 것은 주베트남 한국군의 중추부였던 카인호아성에 예우를 표시하기 위해서였다.

그러한 상징적 의미를 기리기 위해 두 개의 학교는 모두 과거 백마부대 사령부가 위치했던 닌호아현에 배정되었다. 닌호아현 내에서도 한 학교는 백마사단 사령부에서 가장 가까운 닌토면에, 다른 하나는 현대조선소와 인접해 있고 그곳에 근무하는 베트남인 직원들이 가장 많이 거주하는 닌푸억면에 건설하기로 했다.

우리는 이틀간의 휴식을 마치고 9월 17일 오전 닌호아현의 학교 부지 두 곳을 답사했다. 인근에 있는 현대조선소도 방문해 그곳 간부들과 오찬을 갖고 사업 계획을 설명했다. 그리고 오후 늦게 카인호아성 인민위원회 사람들과 만나 사업 추진 전반을 협의했다. 그곳은 과거사도 반한감정도 없는 지역이라 재향군인회 방문은 생략했다.

카인호아성은 중부지방 다섯 성 중 가장 경제사정이 양호한 지역이었기에 학교도 어느 다른 대도시에 못지않게 깨끗하게 잘 지어져 있었다. 외국인 투자를 많이 유치해서 그런지 인민위원회와 주민들이 여느 동남아 국가들처럼 개방적이고 친절했다. 한국에 대해 꽤 우호적이었다.

그러한 우호적 감정은 최근에 생긴 것 같지는 않았고, 아마도 베트남전쟁 당시부터 지속된 것이 아닌가 하는 생각이 들었다. 학교 부지를 방문할 때에도 주민들이 다수 몰려나와 악수를 청하고 반가운 듯 말을 걸어왔다. 닌푸억면에서는 현지 인민위원회가 오징어포를 우리 인원수만큼 준비해서 선물로 주기도 했다. 역시 카인호아성은 주베트남 한국군 야전부대의 중추부로서 손색이 없는 지역이었다.

우리는 카인호아성을 끝으로 총 15일에 걸친 험난한 중부지방 답사를 마쳤다. 9월 18일 우리는 냐짱의 아름다운 해변을 뒤로하고 하노이로 귀환했다. 장기간에 걸친 출장으로 모두 지쳤고 몸이 성한 사람이 없었다. 그러나 과거사의 한이 맺힌 금단의 지역 전체를 무사히 다녀왔고 더 이상 한국인에게 금단의 지역은 없다는 생각에 모두의 마음은 더없이 가벼웠다.

이런 과정을 거쳐 베트남 중부지방의 40개 학교는 계획대로 완공되었다. 나는 마지막으로 답사한 중부지방 세 개 성에서 20개 학교가 완공되는 것을 직접 보지 못하고 이듬해인 2002년 2월 말 서울로 귀임했지만, 그해 중반에는 모든 사업이 한 치도 차질 없이 계획대로 완결되었다.

그와 동시에 중부지방 다섯 성에서 민간인 피해가 가장 컸던 꽝응아이성 선띤현, 빈딘성 떠이선현, 푸옌성 떠이호아현 등에 중급 규모 병원 다섯 개를 건립하는 300만 달러 규모의 후속 사업이 곧바로 이어졌다. 베트남 중부지방 전쟁 피해 지역에 대한 원조 사업은 이제 우리 대외원조 사업의 핵심 중 하나로 급속히 뿌리를 내리고 있었다.

피와 한이 맺힌 역사의 현장에 남긴 40개의 학교는 불행했던 과거사를 극복하고 베트남인과 친구가 되고자 하는 한국민의 뜻을 새긴 하나의 기념비였다. 그것은 또한 베트남전쟁에 참전하여 목숨을 바친 우리 국군 병사들과, 한국군에 의해 억울한 죽음을 당했을지도 모르는 그 지역 주민을 위한 무언의 위령비이기도 했다.

만일 아직도 잠들지 못하는 한 맺힌 영혼이 있다면 이제 그곳에서 기쁜 마음으로 안식을 찾을 것이다. 우리가 중부지방을 방문할 당시 아직 마음을 열지 못했던 일부 주민들도 한국 학교에서 공부하는 어린 자식과 손주들을 볼 때마다 조금씩은 과거를 잊고 우리를 친구로 포용할 수 있게 될 것이다.

먼 훗날, 베트남전쟁을 거의 아무도 기억하지 못하는 다음 세대에 그곳을 방문하게 될 한국인은 한국 정부가 왜 그런 구석진 곳에까지 가서 학교를 지어야 했는지 의아스럽게 생각할지도 모른다. 왜 한국 정부가 일본 정부처럼 인구 밀집한 대로변에 번듯한 학교를 짓지 않고 아무도 모르는 벽지마을 구석의 옹색한 부지에 눈에 띄지도 않는 작은 학교들을 지었는지 이상스럽게 생각할지도 모른다.

그때가 되면 아마도 그 학교에서 공부한 꼬마들이 장성해 증언해줄 것이다. 자기들 부모의 시대에 베트남인을 몹시 괴롭혔던 한국인들이 어느 날 갑자기 찾아와서는 '친구'라고 하면서 학교를 짓고 갔다고. 그리고 그 이유는 잘 모르지만 덕분에 형광등과 선풍기가 있는 좋은 학교에서 공부할 수 있었다고.

에필로그

●

우리가 그처럼 베트남 중부지방의 전쟁 피해 지역들을

누비고 다녔던 것은 과거사에 대한 참회의 뜻을 전하기 위해서도 아니었고,

과거사에 대한 그들의 어떤 오해를 불식시키기 위해서도 아니었다.

우리가 그곳에서 하고자 했던 일은 단 한 가지,

'한국민은 베트남인의 친구'라는 사실을 그곳 주민에게 알리는 것이었다.

2년 6개월의 베트남 근무 기간 동안 무엇보다도 의미 있었던 일은 한국 현대사에서 큰 장을 차지하고 있는 베트남전쟁 참전의 역사적 현장을 구석구석 방문해볼 소중한 기회를 얻을 수 있었다는 점이다. 특히 그곳에서 과거 한국군과 총구를 겨누고 싸웠던 사람들, 한국군에게 고통 받았던 사람들과 만나 격의 없는 대화를 나눌 수 있었던 것은 당시 나로서는 감히 꿈도 꾸지 못했던 일이었고 행운이었다고밖에는 말할 수가 없다.

우리가 그처럼 베트남 중부지방의 전쟁 피해 지역들을 누비고 다녔던 것은 과거사에 대한 참회의 뜻을 전하기 위해서도 아니었고, 과거사에 대한 그들의 어떤 오해를 불식시키기 위해서도 아니었다. 우리가 그곳에서 하고자 했던 일은 단

한 가지, '한국민은 베트남인의 친구'라는 사실을 그곳 주민에게 알리는 것이었다. 과거 한국인에 대한 그들의 인식이 어떠하든 지금의 한국인은 그들의 친구이며 그들에게 친구로 받아들여지기를 원한다는 점을 알리기 위해서였다.

그들 역시 마찬가지였다. 그들이 고대하고 있던 것은 과거사에 대한 사과나 변명이 아니라 그들을 이해하고 그들의 어려운 사정을 보살펴 줄 친구의 따뜻한 손길이었다. '친구'라는 말 한마디 앞에서 과거사에 대한 그들의 뼈아픈 기억은 소리 없이 녹아내렸다. 내 평생을 통해 단어 한마디가 지니는 함축된 마력을 그처럼 절실히 느낀 것은 처음이었다.

물론 직접적인 피해 당사자 중 일부는 아직도 한국인을 친구로 받아들이기를 거부했지만, 우리를 이해하고 기꺼이 친구로 받아들이는 사람도 결코 적지 않았다. 전쟁 기간 중 한국군이 남기고 간 상처를 못내 잊지 못하는 사람들도 있었지만, 그러한 슬픔을 초월하고 오히려 그 전쟁에 '참여할 수밖에 없었던' 한국군 병사들에 대한 연민의 정을 간직한 노인들도 적지 않았다.

특히 중부지방 다섯 성에서 베트남전쟁 당시의 베트콩 최고지도자들과 만나 허심탄회한 대화를 나눌 때는 세월의 무상함에 고개를 숙일 수밖에 없었다. 우리와의 만남을 그리도 반가워했고 헤어짐을 누구보다도 아쉬워했던 꽝남성 베트콩 총사령관, 꽝응아이성 베트콩 총사령관, 빈딘성 베트콩 총사령부 당서기, 그리고 푸옌성 베트콩 총사령관……

　과거의 적이었던 한국인이 친구로서 찾아온 것을 가장 진심으로 기뻐한 것도 그들이었고, 아직도 우리를 친구로 받아들일 준비가 되지 않은 일부 주민을 설득하기 위해 가장 많은 노력을 기울인 것도 그들이었다. 우리가 어려운 사정에 처할 때마다 가장 앞장서서 도와준 것도 그들이었고, 과거 그들이 총구를 겨누고 싸웠던 우리 참전 병사들과 친구로서 재회하기를 누구보다 고대하는 것도 바로 그들이었다.

　살아 있는 그들이 그러할진대, 베트남전쟁 때 애처롭게 숨진 한국군, 베트콩, 북베트남군, 그리고 베트남 민간인 피해자들의 원혼인들 아직도 서로 미워하며 총구를 겨누고 있을 것인가. 아마도 그들은 이미 오래전에 서로를 용서하고 함께 엉겨 평화 속에 잠들었으리라.

　물론 그 전쟁에서 사랑하는 가족과 동료를 잃은 한국과 베트남 양측 당사자들의 아픔은 더 많은 세월을 필요로 하는지도 모른다. 얼마나 아쉽고 원통한 죽음이 많았겠는가. 그들이 겪어야 했던 상실의 고통을 조금이라도 과소평가하려는 것은 아니다.

　그러나 과거사의 상처가 잊히는 현시점에서 양국 사이의 어두웠던 과거를 재론하여 잘잘못을 가리는 것이 그 누구에게 도움이 될 것인가. 설사 만의 하나 과거사의 의혹 중 일부가 밝혀지고 입증된다 한들 그것이 과거사의 규명을 원치 않는 베트남인들에게 얼마나 큰 도움이 될 것인가. 그리고 양민학살 의혹 문제와 더불어 제기될 것이 뻔한 한국군 포로의 운명에 관한 논란이 양국 관계의 미래에 얼마나 보탬이 될 것인가.

모든 전쟁은 그것이 합법적이건 불법적이건 간에 비참하고 비극적인 사건일 수밖에 없다. 그와 마찬가지로 전쟁에서의 모든 죽음은 합법적 전투에 의한 죽음이건 불법적 행위에 의한 죽음이건 그 아픔과 애석함에서 경중의 차이가 있을 수 없다.

현시점에서 어느 특정한 죽음의 합법성 여하를 따지는 것보다 훨씬 더 중요한 것은, 베트남전쟁이 무려 400만 명 이상의 베트남인과 5,000명 이상의 한국인의 목숨을 앗아간 비극적 전쟁이었고 그러한 비극이 되풀이되어서는 안 된다는 점이다. 양국 국민이 가장 시급히 해야 할 일은 그로 인한 상처를 치유하는 일이며, 베트남인들이 말하듯이 '과거를 덮고 미래를 위해 협력하는' 일일 것이다.

베트남과의 과거사 문제에서 우리가 꼭 유념해야 할 사항이 하나 있다. 그것은, 그 시기에 두 나라 사람들이 왜 하필 총구를 맞대고 적으로서 만나야 했는지는 모르지만, 한국과 베트남 양국은 과거사의 멍에에 얽매여 서먹서먹하게 지내기에는 서로에게 너무도 특별한 존재라는 점이다.

한국인과 베트남인은 인종적으로나 역사적으로나 문화적으로나 국민성으로나 지구상에서 가장 유사성이 많은 민족이다. 1,000년에 걸친 중국의 지배로 그들의 최초 언어가 상실되지 않았다면 언어도 우리와 비슷했을지도 모른다. 자신들이 몽골족의 피를 물려받았다는 사실조차 거의 모르고 있는 그들은 어쩌면 태고의 어느 시대에 중앙아시아의 평원에서 작별을 고해야 했던 우리의 잃어버린 동족인지도 모른다.

그러기에 두 나라와 두 민족이 과거사의 벽을 허물고 서로 돕고 힘을 합쳐서 할 일이 앞으로 얼마나 많을 것인지 상상하는 것이 그리 어렵지 않을 것이다. 더욱이 피해자인 그들이 먼저 과거사의 강을 건너와 우리를 향해 손짓하고 있는데, 우리만 과거사의 그늘 속에 몸을 숨기고 있어야 할 이유가 무엇이란 말인가.

이제 그 이상의 판단은 독자들에게 맡기기로 하고, 도연명의 「귀거래사(歸去來詞)」 중 한 구절을 인용하면서 이 책을 마치고자 한다.

悟已往之不諫　지난 일은 문제 삼을 수 없음을 깨닫고
知來者之可追　앞으로 올 일은 능히 따를 수 있음을 안다.

實迷途其未遠　실로 잃고 방황해 온 길이 그리 멀지 않으니

覺今是而昨非　현재가 옳고 과거는 그릇된 것임을 깨닫는다.

부록

부록 1 _ 베트남 대외 항쟁사

 중국, 프랑스, 그리고 일본

베트남 북부 지역에는 기원전 7세기경부터 고대 국가가 형성되었고 기원전 207년 남비엣[南越]이라는 국가가 세워졌으나, 기원전 111년 중국 한나라에 정복되어 1,000년 이상 중국의 통치를 받았다. 그 기간 동안 베트남 지역에서는 수십 년이 멀다 하고 수많은 폭동과 무장봉기가 일어났으나 많은 인명 피해만 남긴 채 매번 진압되고 말았다. 베트남은 당이 멸망하고 송이 중국을 통일하는 혼란기를 틈타 939년 처음으로 중국으로부터의 독립에 성공할 수 있었다. 중국 한나라에 정복된 지 무려 1,050년 만이었다.

독립 후 최초로 수립된 이(Ly)왕조는 약 200여 년간 유지되었는데, 이것이 베트남인이 생각하는 최초의 정통 베트남 왕조이다. 1225년 중국의 침략으로 이왕조가 멸망할 때 유일하게 생존한 왕족인 이용상 왕자 일행이 고려로 망명해 일족을 이루고 살았는데, 몽고족의 고려 침입 때 공을 세워 고려의 왕으로부터 '화산 이씨' 성을 하사받았다. 이것이 베트남인이 한국에 특별한 친근감을 느끼는 이유 중 하나이다.

베트남은 끊임없이 외침을 받고 이를 물리치며 역사를 이어왔다. 981년 송나라가 실지 회복이라는 명분으로 침입했으나 격퇴했고, 12세기에는 캄보디아와 남베트남 지역을 포함한 광활한 동남아지역을 지배하던 앙코르제국이 세 차례에 걸쳐 베트남을 침입했으나 패퇴했다. 또한 13세기에는 몽골(원나라) 쿠빌라이 칸의 수십만 병력이 1257년, 1284년, 1287년 세 차례 침입했으나 역시 이를 물리쳤다.

15세기에 들어와 명나라의 침공을 막아내지 못하고 1407년 재차 중국에 합병되었으나 1427년 20년 만에 독립을 되찾았다. 베트남은 이후 줄곧 독립을 유지하며 중국의 천자와 대등한 관계를 표방하며 황제가 통치했고, 항상 베트남이 중국과 대등한 국가라는 의식을 갖고 있었다. 이후 1788년 청나라가 20만의 병력으로 베트남을 침공했으나 베트남은 이를 격퇴했다.

그러나 19세기 말 베트남은 유럽 열강의 아시아 식민 진출에 휩쓸려 들어갔다. 프랑스는 베트남 응우옌왕조의 프랑스 선교사 처형을 구실로 1858년 다낭을, 1859년에는 사이공을 무력 점령함으로써 베트남 침략을 개시했다. 1862년 '제1차 사이공조약'으로 베트남 남단의 3성을, 1874년 '제2차 사이공조약'으로 메콩강 델타의 코친차이나 지역 6성을, 1883년 8월 '아르망조약'으로 베트남 전역을 보호령화했다.

베트남은 끊임없이 저항을 시도했으나 현대식 군사력을 갖춘 프랑스의 상대가 될 수 없었다. 때문에 베트남은 제2차 세계대전 막바지인 1945년 3월 일본군이 프랑스군을 축출하고 베트남 전역을 장악할 때까지 약 62년간 프랑스의 식민 지배를 받았다.

제2차 세계대전이 발발하자 일본군은 1940년 9월 프랑스군을 무력으로 제압하고 베트남 북부 일부 지역에 진주했다. 이후 일본군은 베트남에서 프랑스군과 미묘한 공존관계를 유지하다가 1945년 3월 쿠데타를 일으켜 베트남 전역을 장악했다. 일본은 응우옌왕조의 마지막 황제인 바오다이 황제를 옹립해 베트남을 간접 통치했는데, 그 기간 동안 베트남에서는 일본군의 과도한 미곡 수탈과 흉작, 태풍으로 대기근이 발생해 무려 200만 명의 주민이 굶어 죽는 참사가 발생했다.

다시 돌아온 프랑스

프랑스의 식민 통치 기간 중 베트남에서는 독립을 위한 움직임이 간헐적으로 계속되어 오다가, 1930년 호찌민에 의해 '인도차이나 공산당'이 결성된 이후 코민테른의 지원하에 조직적 저항운동이 개시되었다. 제2차 세계대전이 발발하자 호찌민은 1941년 5월 1일 베트남 내 독립운동 세력을 망라하는 '베트남 독립동맹(베트민, 越盟)'을 결성했다. 베트민은 프랑스 식민 세력과 일본 파시스트 세력을 타도의 목표로 삼고, 이를 위한 연합국의 협조를 얻어내고자 연합국에 대한 지지를 공식 선언하기도 했다.

1945년 3월 일본군이 베트남 전역을 점령하자 베트민은 베트남 주둔 일본군에 관한 정보를 중국 소재 미국 전략첩보부(OSS)에 제공하고 반대급부로 무기와 의약품 등을 제공받는 등 협조관계를 형성했다. 그리고 5개월 후 일본이 패망하자 인도차이나 공산당은 하노이에서 '8월 혁명'을 일으켜 바오다이 황제를 축출하고 '베트남민주공화국'을 선포했다.

그러나 통일된 독립 국가를 이루려는 베트남인의 희망과는 달리 베트남 국토는 포츠담협정에 따라 북위 16도선을 기준으로 분할 점령되었고, 북부에는 중국 국민당군이, 남부에는 영국군이 각각 진주했다. 프랑스는 일본에게 빼앗겼던 베트남 식민지를 회복하고자 남베트남에 대규모 군대를 파견했고, 미국과 영국은 물론 스탈린 치하의 소련마저도 좌파 연립 내각이 집권하던 프랑스와의 관계 때문에 이를 지지 또는 방관했다.

남베트남을 장악한 프랑스는 북베트남의 '베트남민주공화국' 정부를 붕괴시키고 베트남 전역에 대한 식민 통치를 재개하고자 했으며, 이를 위해 먼저 장제스(蔣介石)와의 교섭을 통해 중국 국민당군을 북베트남으로부터 철수시켰다. 위기에 처한 호찌민은 베트남의 독립을 얻어내기 위해 프랑스 정부와 교섭을 벌였으나 프랑스 정부는 절대 독립을 허용할 수 없다는 입장이었다.

군사적 해결이 불가피하다는 판단을 내린 프랑스는 마침내 1946년 11월 하이퐁항에 대한 포격을 필두로 7만 5,000명의 병력을 상륙시켜 북베트남에 대한 군사 공격을 개시했다. 이로써 프랑스군과 호찌민 정부군 간에 8년에 걸친 전쟁이 개시되었다. 이것이 '제1차 인도차이나전쟁'이다. 호찌민 정부군은 우세한 화력의 프랑스군에 대해 열세를 면치 못했으나 프랑스군도 결정적 승리를 거두지 못한 채 전쟁은 지속되었다.

군사력의 한계를 느낀 프랑스는 프랑스와 호찌민 정부 간의 전쟁을 자유베트남과 공산베트남 간의 대결 구도로 변모

시키고자 남베트남의 독립을 허용했고, 이에 따라 1949년 3월 남베트남 전역에 바오다이 황제가 통치하는 독립 왕국이 수립되었다. 한편 1949년 10월 내전에서 승리한 중국 공산당이 호찌민군에 대한 군사원조를 개시하자 전세는 역전되기 시작했다. 호찌민군은 중국의 지원에 힘입어 1950년 1월부터 프랑스에 대한 총공세를 개시했다.

미국은 당초 호찌민 정권에 대한 판단을 유보한 채 인도차이나 사태를 방관하는 입장이었다. 그러나 중국 공산당이 중국 내전에서 승리하고, 1950년 1월 중공, 소련, 북한 3국이 호찌민 정부를 승인하자, 미국은 인도차이나전쟁을 서방 진영과 공산 진영 간의 전쟁으로 인식하게 되었다. 미국은 바오다이 황제의 남베트남 정부를 1950년 2월 7일 승인했고, 그해 6월 한국전쟁이 발발하자 즉각 남베트남에 대한 군수물자 지원과 군사고문단 파견을 개시했다. 이로써 미국의 본격적인 인도차이나 개입이 시작되었다.

1953년에 이르러 호찌민군은 곳곳에서 프랑스군 요새를 점령한 데 이어서 인도차이나 반도 전체를 '해방'시키기 위해 라오스와 캄보디아에 대한 대대적인 침공을 준비했다. 이를 간파한 프랑스군은 베트남군의 진격을 차단하기 위해 1953년 11월 미국과 협의하에 대규모 특수부대를 베트남 북부 내륙 라오스 접경 지역인 디엔비엔푸에 투입해 폭 13킬로

미터의 견고한 요새를 구축했다.

　그러나 지압 장군이 지휘하는 호찌민군은 많은 인명 피해에도 불구하고 디엔비엔푸 요새에 대한 집요한 공격을 멈추지 않았고, 호찌민군의 세 차례에 걸친 총공세에 고전하던 프랑스군은 마침내 1954년 5월 7일 호찌민군에게 항복했다. 그 직후 프랑스와 북베트남(베트민) 간에 휴전 협상이 개시되어 2개월여 만인 1954년 7월 20일 북위 17도를 남북 베트남의 경계로 정하는 제네바협정이 서명되었다.

　이로써 8년에 걸친 '제1차 인도차이나전쟁'은 호찌민군의 승리로 종료되었다. 전쟁 기간 중 양측의 인명 피해는 극심했다. 프랑스군과 프랑스연방군 17만 2,000명이 사망했고, 호찌민군의 전사자는 이의 약 세 배에 달했다.

 미국과의 숙명적인 한판 승부

그 후 남베트남에서는 1955년 10월 26일 미국의 후원하에 국민투표를 통해 왕정이 폐지되고 응오딘지엠(Ngo Dinh Diem) 대통령을 수반으로 하는 반공정권인 '베트남공화국'이 출범했다. 프랑스군은 이듬해 남베트남에서 완전 철수했고, 프랑스를 대체한 미국의 아이젠하워 행정부는 남베트남 정부에 대대적인 군사원조를 개시했다.

프랑스와 북베트남(베트민) 간에 서명된 제네바협정에 따르면 그 이듬해인 1956년 7월 남북베트남 전체에서 총선을 실시하기로 되어 있었다. 그러나 남베트남 정부는 공산당의 승리 가능성이 높아지자 총선 실시를 거부했고, 미국도 이를 지지했다. 이에 따라 북베트남과 미국 간의 숙명적인 한판 승부는 점차 불가피한 현실로 다가오고 있었다.

남베트남의 공산당 조직들은 즉각 남베트남 정부에 대한 파괴 활동을 개시했다. 1960년 12월 '남베트남 민족해방전선(속칭 베트콩)'이 결성되고 이듬해 2월에는 '베트남 인민해방군'이 창설되어 남베트남에서의 15년에 걸친 무력 투쟁이 개시되었다.

베트남의 대외 항쟁사에 비추어 볼 때 이는 지극히 당연한 선택이었다. 그러나 이를 저지하려는 미국의 노력 또한 냉전시대의 논리로는 불가피한 선택이었다. 북베트남의 군사행동이 베트남 민족의 오랜 민족해방전쟁의 연장선상에 있었듯이, 미국의 행동 또한 1950년대의 한국전쟁과 쿠바 공산혁명, 1960년의 U-2기 격추 사건, 1961년의 베를린 위기, 1962년의 쿠바 미사일 위기 등 동서 진영 간에 고조되던 대립과 충돌의 연장선상에 있었다.

베트남전쟁의 비극은 베트남과 미국이 서로 상이한 차원

의 전쟁을 수행하고 있었다는 점이다. 베트남이 독립과 통일을 위한 전형적인 민족해방전쟁을 수행한 반면, 미국은 전형적인 냉전시대의 전쟁을 수행했다. 그들은 서로 다른 언어로 말하고 있었기에 상대방에 대한 이해도 불가능했고 타협도 불가능했다.

남베트남에서 베트콩의 군사행동이 강화되자, 1961년 출범한 미국 케네디 행정부는 군사고문단을 확충하고 사이공에 군사원조사령부를 설치하는 등 개입을 확대해나갔다. 그러나 남베트남 정부의 독재와 토지개혁 실패에 따른 실망으로 베트콩에 동조하는 농민들이 늘어가면서 1964년에는 농촌의 절반 정도가 베트콩의 영향하에 들어갔다. 이제 베트남 전역의 공산화를 막기 위해 남은 유일한 희망은 미국의 직접적인 군사 개입밖에 없었다.

1964년 8월 통킹만 사건(북베트남 어뢰정이 베트남 북부 통킹만에서 미국 구축함을 공격한 사건)이 발생하자 이를 계기로 미국 존슨 행정부는 베트남전쟁에 직접 개입하여 북베트남에 대한 폭격을 개시했다. 이와 동시에 북베트남도 라오스를 경유하는 호찌민루트를 통해 정규군을 남파하기 시작하여 전쟁은 급속히 확대되었다.

마침내 1965년 4월 해병 2개 대대를 필두로 대규모의 미 지상군이 남베트남에 파병되었고, 이로써 베트남이 '대미 전쟁'이라 부르는 '제2차 인도차이나전쟁'이 개시되었다. 남베트남 정부와 미국의 요청으로 한국, 호주, 뉴질랜드, 필리핀, 태국도 이에 참전했다. 베트남전쟁은 초강대국인 미국과 그 동맹국들이 월맹(북베트남)이라는 약소국을 상대로 싸우는 전쟁이었음에도 불구하고 전세는 쉽게 호전되지 않았다.

미국은 1973년 철수할 때까지 8년간 평균 50만 명, 연인원 310만 명의 병력을 파병했고, 연간 수백억 달러의 군사비를 퍼붓는 등 총력을 기울였다. 참전 기간 중 미군의 피해 상황은 사망 또는 실종 5만 8,183명, 전투기 3,689대와 헬기 4,857대 손실 등 천문학적 숫자였다. 이것만 보아도 미국이 얼마나 이 전쟁에 총력을 기울였는지 알 수 있다.

북베트남 정부도 총력을 기울여 대항했다. 그들이 가진 최대의 무기는 조국을 위해 기꺼이 목숨을 바치겠다는 불굴의 의지와 끊임없이 재충원되는 인적 자원이었다. 북베트남 정부는 북베트남 인구의 거의 10퍼센트가 사망하는 극심한 피해에도 불구하고 남베트남을 '해방'시키고자 하는 의지를 굽히지 않았다. 조국을 위해 어떠한 희생도 마다하지 않는 베트남인의 끈질긴 저항에 직면해 미국은 속수무책이었다.

전세가 호전되지 않는 가운데 전 세계적으로 반전 여론이 대두하자 결국 미국은 개입의 한계를 깨닫고 명예로운 철수를 모색하게 되었다. 1969년 1월 출범한 공화당의 닉슨 행정부는 '베트남전쟁의 베트남화' 정책을 천명하며 베트남전쟁 개입 축소 방침을 공식화했다.

이에 따라 닉슨 행정부 출범 직후인 1969년 1월 25일부터 미국, 북베트남, 남베트남, 베트콩 4자 간에 파리평화회담이 개시되었고, 그해 8월부터 키신저 미 대통령 특별보좌관과 레둑토(Le Duc Tho) 북베트남 공산당 정치국원 간의 비밀협상이 병행되었다. 마침내 4년 만인 1973년 1월 27일 4자 간에 파리평화협정이 서명되었다.

 92년 만의 독립과 그 대가

미군과 연합군은 파리평화협정에 따라 8년간의 베트남전쟁 개입을 종결하고 철수했고, 1973년 3월 29일 마지막 미군이 철수했다. 그로부터 2년 후인 1975년 3월 10일 북베트남은 평화협정을 파기하고 남베트남에 대한 총공세를 개시하여 불과 50일 만인 4월 30일 사이공을 점령하고 통일을 이루었다. 베트남이 1883년 독립을 상실하고 프랑스의 식민 통치하에 들어간 이래 92년 만에 통일된 독립국가를 형성하게 된 것이었다.

베트남인은 모든 것을 걸고 싸워서 마침내 독립과 통일을

다시 쟁취했다. 그러나 그로 인한 막대한 인명 피해와 가난
은 그들에게 커다란 멍에로 남았다.

전쟁 기간 중 남베트남에서는 정부군 22만 3,748명, 미군 5
만 8,183명, 한국군 4,960명이 전사했고, 민간인 약 41만 5,000
명이 사망했다. 북베트남군과 베트콩의 인명 피해는 이보다
훨씬 많았다. 하노이 정부가 1995년 발표한 통계에 따르면,
북베트남 정규군과 베트콩을 합해 110만 명이 전사했다. 민
간인 피해는 베트남 전역에서 200만~300만 명에 달한다는
것이 현 베트남 정부의 추산이다.

말하자면, 1945년부터 1975년까지 불과 30년 사이에 일본
군의 식량 수탈에 따른 기근, 대프랑스 항쟁에 따른 희생, 그
리고 대미전쟁 기간 중의 사망자를 합해 베트남 전체 인구의
약 10퍼센트인 600만~700만 명이 사망한 것이다.

전쟁 중의 인명 피해 외에도 베트남은 종전 후 20년간 경
제적 측면에서 승리의 대가를 치러야 했다. 미국 정부가 통
상, 금융, 국제원조 등 전 분야에 걸쳐 베트남에 대해 전면경
제제재(全面經濟制裁) 조치를 취함으로써 베트남은 유엔이 지정
하는 세계 최빈국이라는 불명예스러운 위치로 전락했다. 미
국이 제재 조치를 부분적으로나마 해제한 것은 종전 후 17년
이 지난 1992년에 이르러서였고, 1994년에 전면적으로 해제
했다.

미국의 전면경제제재 조치가 얼마나 무서운지는 그 대상국이었던 베트남, 북한, 쿠바의 경제가 현재 어떤 상태인가를 보면 자명해진다. 전면경제제재 대상국은 미국과 일체의 통상을 할 수 없고, 미국 금융기관을 간접적으로라도 경유하는 일체의 금융거래를 할 수 없다. 미국 금융기관에 걸려든 해당국의 자산은 압류된다.

더욱 심각한 것은 국제금융기관의 차관을 받을 수 없다는 점이다. 미 의회가 제정한 법률에 따라 미 행정부는 IMF 등 국제금융기관에서 제재조치 대상국에 대한 차관 공여 문제가 논의될 때 이에 반대할 의무가 있다. 개도국이 미국에 물건을 팔지도 못하고 미국 물자를 사지도 못하며 국제금융기관으로부터 차관조차 받을 수 없다면 버틸 수 있는 방법은 별로 없다.

물론 미국의 제재조치가 경제적 어려움의 모든 원인은 아니었다. 베트남 자신도 1986년 '도이모이(쇄신) 정책'으로 대외 개방을 추구할 때까지는 극히 비효율적인 전시경제체제(戰時經濟體制)를 유지했다. 아마도 미국의 새로운 침략 가능성에 대비하기 위한 것이었겠지만, 이러한 과잉 조치는 베트남 경제를 극도의 침체로 몰아넣은 또 다른 요인이 되었다.

KOICA의 대(對)베트남 지원사업 현황

전략기획이사 ▌ **김인**

전(前) 베트남사무소장

KOICA가 베트남에서 활동을 시작한 이래 지난 20년간 수행한 활동에 대해 베트남 정부는 "신속한 결정과 집행으로 베트남 내 실질적인 기여가 가능한 사업을 추진해왔다"라고 평가한다. KOICA 베트남사무소의 지난 20년간 활동 성과를 일곱 가지 키워드로 정리하여 소개하고자 한다.

Keyword 1 ▌ 빈곤탈출을 위한 사다리 이어주기(우리의 개발경험 공유)

베트남 정부는 1986년 개방정책(도이모이) 이후 체제 전환에 따른 제도 정비를 위해 한국의 발전경험을 집중 적용한 바 있다. 특히, 최근 제2의 도이모이를 위한 3대 개혁과제(공공투자, 금융, 공기업 개혁)를 추진하면서 한국의 개발경험이 다시 주목받고 있다. KOICA

는 ① 공산당교인 호찌민정치행정아카데미 미래지도자 양성과정, ② 총리실 행정제도 개혁프로그램, ③ 기획투자부 공기업 운영 및 평가기법, ④ 최고인민법원 법관연수원 선진화 지원사업 등 통해 베트남 공산당, 행정부, 국회, 사법부 등을 대상으로 우리의 발전경험을 전수해왔다. 또한 ① 의료보험제도 구축사업, ② 국가기술 자격검정제도 구축사업, ③ 증권거래소 설립 지원사업, ④ 경제연구소 지원사업 등을 통해 거시경제, 의료보험, 노동직훈, 식품위생 등 핵심과제에 대한 집중적인 정책자문도 병행해왔다.

사례 1 ▌ 베트남 미래지도자와 경제사회 발전의 비전을 공유하다

KOICA 베트남사무소는 베트남 지방정부 당서기장, 인민위원장 등 고위 공직자의 역량강화를 위해 호찌민정치행정아카데미(이하 호찌민아카데미)와 협력 연수 프로그램인 '베트남 미래지도자급 역량강화 프로그램(2013~2015)'을 진행하고 있다.

베트남은 1980년대 말 '도이모이' 정책을 통해서 급속한 경제성장을 이룩하는 한편 지속적인 정치개혁을 추진했으나 경제개발의 성과에 비해 정치개혁의 경우 부패지수가 세계 최하위권(176개국 중 123위), 반체제운동 등의 다양한 문제에 직면했다.

이러한 측면에서 베트남 정부는 바람직한 국가발전을 위해 행정개혁 및 고위급공무원의 행정역량강화를 중요한 정책과제로 선정하여 행정관리지식 강화, 업무능력 및 정책수립 능력을 향상시켜

호찌민정치행정아카데미 미래지도자 양성과정 공동연구협의

공무원들이 국가개발 및 사회발전에 중추적 역할을 수행할 것으로
기대했다.

특히 베트남 정부는 주도적으로 정부 혁신 분야 인적자원개발
프로그램을 지원하여 중앙공산당 위원후보자(현 차관 또는 총국장급)
를 대상으로 호찌민아카데미 자체 연수 프로그램을 운영하고 있
다. 이 연수 프로그램은 중앙정부 부처 및 지방정부 지도자급 480
명을 대상으로 정치사회에 대한 지식을 제공하고 리더십 향상을
모색하려는 취지로 실행되고 있다.

한편 호찌민아카데미는 한국의 개발경험, 해외연수, 전문가 파
견 및 공동연구 등을 위해 KOICA의 지원을 요청했고, KOICA와 호

찌민아카데미는 다년간 연수 프로그램 MOU를 체결하여 2013년부터 본격적으로 연수과정을 추진했다.

KOICA는 이 연수 프로그램을 통해 2013년부터 2015년까지 3년간 총 160여 명의 베트남 고위공무원을 한국으로 초청하는 한편, 한국의 학자 또는 전문가를 베트남에 파견함으로써, 한국의 경제개발 정책 및 행정개혁 경험 등을 베트남의 미래지도자가 될 고위공무원들과 공유할 계획이다.

베트남 미래지도자급 역량강화 국별 연수는 베트남의 현황을 최대한 반영하여 국가발전의 실질적인 도움이 될 수 있도록 한국경제고도성장기(1년차), 경제위기극복(2년차), 미래발전전략(3년차)으로 구성되어 있고 연 2회씩 전문가 파견과, 초청연수를 진행하고 있다. KOICA는 이 연수 프로그램을 통해서 베트남 핵심지도자의 역량강화에 기여하고 한국의 국가발전 경험을 공유하면서 베트남의 국가발전 문제해결 방안을 모색할 수 있는 계기가 될 것으로 기대하고 있다.

사례 2 ▌ 베트남 미래, 법치국가(法治國家)의 초석을 놓다(베트남 법관연수원
　　　　　선진화사업 2008~2015/1,280만 달러)

베트남은 1986년 도이모이 개방정책 이후로 1990년부터 연평균 7.2%의 고도성장을 달성하는 등 빠른 경제성장이 진행되고 있으나, 범정부 차원의 근본적인 구조조정이나 사회개조 없이는 지속

적인 사회경제발전이 불가능하다는 것이 전반적인 여론이다.

베트남 정부 차원에서도 2020년 '현대화된 산업국가'로의 진입이라는 범국가적 목표 달성을 위해서 현 '사회주의 시장경제체제'의 지속적인 발전이 필요하며, 그를 위해서는 내·외부 투자를 법적으로 뒷받침하는 적절한 사법시스템의 구축이 절실히 필요하다는 인식을 공유하고 있다.

베트남에서 법관은 5년의 법원서기(court clerk) 근무 후 행정부처인 법무부 소관 사법아카데미(Judicial Academy)에서 1년 교육 후 정식 입관을 하며, 경력 법관은 최고인민법원 법관연수원(Judical Training Academy)에서 담당하고 있다.

그러나 최고인민법원은 그동안 자체 법관연수원건물/시설 및 우수한 교수인력의 부재로 공정한 법 집행의 핵심인 '법관' 교육을 제대로 실시하지 못했고, 이는 국가발전의 3대축 중 하나인 사업부가 제 역할을 못하게 되는 큰 요인으로 작용하고 있다.

고무적인 것은 베트남 정부 차원에서 지속적으로 법치주의 확립을 위한 법체계 개선과 집행능력 강화를 중점적으로 실시해왔고, 이의 실현을 위해서 법관 및 법원공무원의 역량강화가 사법개혁의 핵심임을 인지하고 있다는 것이다.

이러한 배경하에 KOICA는 2008년부터 5년간 1차사업으로 300만 달러를 지원하여 법관연수원을 건설, 연수원 교수진에 대한 교육을 실시했다. 지원효과는 즉각적이고 가시적이어서, 기존 1년에

2012년 7월 법관연수원 선진화 2차사업 협의의사록 체결식
(앞 줄 KOICA 김인 소장-륵 최고인민법원 부원장)

2개 과정으로 법관 약 500명 교육에 그쳤던 것을 2012년 단일년도에 13개 과정 1,000명을 초과하는 법관 교육이 이뤄졌다.

베트남 정부 측에서는 1차사업의 성과를 높이 평가하고, 한국의 우수한 법관연수체계를 베트남 전체 법관을 위한 전국적인 교육으로 확대하기를 적극적으로 희망한바, 양국 정상 간 약속사업으로 980만 달러 상당의 2차사업을 2013년부터 지원하게 되었다.

2차사업은 추가 건물 5동(연면적 약 1만 m²)을 신축하여 연수원으로서의 기본 인프라를 강화하고, 전문가 파견/연수생 초청등의 인적교류를 통한 사법인력에 대한 역량강화, 강의교재 개발/세미나 등을 통한 양국 간 법제연구와 베트남 법치주의 미래를 설계하는 성과를 달성할 것이다.

2014년 1월 11일에는 한국 측 전대주 대사, 안홍준 국회 외교통일위원장 외 국회의원, KOICA 김인 소장 등이 참석한 가운데 착공식이 성공리에 개최되었다.

또한 우리나라 대법원이 동 사업의 사업수행기관으로 선정되어 대법원 역사상 처음으로 '현직 판사'를 베트남 현지에 파견하여 양국 간 사업제도에 대한 폭넓은 이해와 교류가 이뤄지고 있으며 이는 그동안 양국 간 경제 분야에 편중되었던 협력을 사법 분야까지 확대하는 효과가 있을 것으로 예상한다.

Keyword 2 ▎사람만이 희망이다(산업 일꾼 양성)

인적자원 개발은 한국의 개발을 이끈 주요 원동력이었으며, 베트남 정부는 경제발전과 산업화에 따른 산업기능 인력 양성을 최우선 국정과제로 채택하고 도움을 요청했다. KOICA는 ① 다낭 IT대학 4년제 승격사업, ② 박장성 한-베 산업기술대학 건립사업, ③ 닥락성 청소년 직업훈련 개선사업, ④ 꽝찌성 중급직업훈련학교 개선사업, ⑤ 다낭 IT대학 건립사업, ⑥ 응에안성 한-베 산업기술대학 건립사업 등을 통해 베트남의 산업화의 핵심인 전문 기능인력 양성에 힘써왔다. 특히 응에안성 한-베 산업기술대학은 200여개 직업훈련대학 중 매년 우수한 5대 직업대학으로 선정되고 있다.

사례 3 ▮ 베트남 산업화의 든든한 동반자 KOICA

베트남 정부는 국가개발전략인 '2011~2020 사회경제개발전략'을 수립하여 운영 중이며, 이 전략에 따르면 2020년까지 현대화된 산업국가로의 진입을 목표로 하여, ① 사회주의 시장경제, ② 고급 인력 양성, ③ 사회인프라 확충을 3대 국가발전 동력으로 설정하고 있다.

한국의 발전 경험에 비춰서도 고급인력 양성은 국가 경제발전의 기반을 이루는 핵심 요소라고 볼 수 있다. 특히, 한국의 산업인력 양성을 통한 산업화 성공 경험은 베트남에 큰 시사점을 줄 수 있다는 판단하에 KOICA는 베트남 산업발전에 기여할 수 있는 고급 인력 양성을 위해 직업훈련사업을 지속적으로 추진하고 있다.

KOICA는 베트남의 직업훈련 교육 지원을 위해서 1992년부터 2013년까지 총 4,100만 달러를 투입, 10개의 프로젝트와 44개의 연수 과정을 성공적으로 추진했다. 특히, '국가기술자격 검정제도 구축 역량강화 사업(2010~2014년,150만 달러)'은 한국의 직업훈련 시스템을 모델로 하여 베트남 직업훈련 및 자격검정 법제도를 자문하고, 자격검정기관 MP 수립, 모의검정 실시를 지원하는, 베트남 직업훈련 제도 개선 지원사업의 대표 사례로 볼 수 있다.

이 외에도 '응에안성 한-베 산업기술대학 지원 1, 2차사업'(총 730만 달러), '꽝찌성 중급직업훈련학교 개선사업'(470만 달러), '박장성 한-베 기술대학 설립사업'(1,000만 달러), '닥락성 중부고원 소수민족

꽝찌성 중급직업훈련학교 준공식

청소년 직업훈련대학 향상사업'(500만 달러), '다낭 한-베 친선 IT대학 4년제 승격 지원사업'(520만 달러) 등 다양한 사업을 통해 직업훈련기관의 인프라 개선 및 교육 커리큘럼 개선을 지원했다.

또한, KOICA는 직업훈련 교육의 핵심은 산업체 수요에 부합하는 인력 양성이라는 판단하에, 직업훈련 교육기관과 민간기업과의 연계를 위한 다양한 시도를 거듭하고 있다. 이러한 노력의 일환으로 '꽝찌성 중급직업훈련학교-두산중공업간 MOU 체결', '응에안성 한-베 산업기술대학 내 CJ 제과제빵학원 설립' 등을 통해 교육기관과 한국기업과의 긴밀한 협력을 지원하고 있다.

베트남 정부 및 타 원조기관은 베트남 내 KOICA의 직업훈련 분

한-베 산업기술대학 외관

야 활동에 대해, 한국식 정부 주도 직업훈련관리 시스템이 베트남과 같이 민간부문이 취약한 개발도상국에 적절히 융화된다고 평가한 바 있다. KOICA는 향후에도 다양한 직업훈련 사업을 통해 베트남 내 고급 산업인력 양성을 지원할 계획이다.

사례 4 ▌ 베트남 직업훈련교육의 모델을 제시한 '응에안성 한-베 산업기술대학 지원사업'

　　베트남 정부는 역량 있는 기술인력 양성을 위해 '직업훈련전략 2020'을 수립했으며, 전국에서 26개 우수 기술대학을 선정하여 세계적 수준의 기술대학으로 양성할 계획에 있다. KOICA가 1, 2차에 걸쳐 지원한 바 있는 응에안성 한-베 산업기술대학은 상기 우수 시범대학으로 선정되었으며, 향후 4년제 기술대학으로 승격을 준비 중이다. 이제 KOICA 직업훈련 사업의 우수 사례로 꼽히는 응에안성 한-베 산업기술대학 지원사업에 대해 살펴보자.

한-베 산업기술학교는 베트남 중·북부 응에안성 빙시에 있으며, KOICA의 지원으로 2001년 신설되었다. 이후 베트남 정부는 베트남 균형발전, 청소년의 취업기회 확대, 기능인력 양성을 통한 산업 경쟁력 제고 등에 대한 이 학교의 기여를 높이 평가하여 2006년 3년제 기술대학으로 승격시켰으며, 이에 따라 KOICA는 기술대학 수준에 부합한 교육시스템 구축을 위해 230만 달러 규모의 2차사업을 추진했다. 현재 이 대학 졸업생들은 호찌민과 하노이, 하이퐁의 공업단지와 응에안성 소재 산업체에 취업하거나 일부는 한국 산업연수생, 대만 중국 호주 등으로 진출하고 있다.

또한 KOICA는 이 대학에 전자, 기계, 컴퓨터교육 등 다양한 분야의 단원을 현재까지 총 24명을 파견하여 기술이전을 지속적으로 추진했으며, 작년에는 CJ푸드빌과 협력하여 제과제빵학원을 설립하는 등 다양한 분야에 직업훈련 기술을 이전하고 있다.

한-베 산업기술대학 측은 인근지역 하띵성의 급속한 경제 발전과 더불어 고급 산업인력 수요가 급증함에 따라 동 산업기술대학의 역할이 점차 커질 것으로 판단하여 4년제 대학으로의 전환을 준

꽝찌성 행복프로그램 주민참여 회의

비 중이며, KOICA의 지속적인 도움을 요청했다. 이와 관련, KOICA
는 2014년부터 3년간 '응에안성 한-베 산업기술대학 3차 지원사
업'(600만 달러)을 통해 이 대학의 4년제 공과대학 전환을 지원할 계
획이다.

　KOICA의 지속적인 지원과 대학 측의 적극적인 노력에 힘입어
한-베 산업기술대학이 베트남 전체 산업기술학교의 벤치마킹 모델
이 되고 자국민의 산업경쟁력 제고에 큰 힘이 될 것으로 기대한다.

Keyword 3 ▌ 다함께 잘 살아보세(새마을운동 등 지역사회 개발)

KOICA는 베트남 내 지역 간 소득 불균형 해소, 농촌지역의 빈곤퇴
치, 소득증대를 위해 한국의 새마을운동을 소개하고 베트남의 신

농촌개발 프로그램을 지원하는 사업을 지속 추진해왔다. 2001~20
02년 꽝찌성 및 타이응웬성에 새마을운동 시범사업을 실시한 것을
계기로 베트남의 지역개발 및 농촌개발을 지속 지원해왔으며, 201
4년부터는 967만 달러 규모의 꽝찌성 행복 프로그램, 1,400만 달러
규모의 라오까이성 행복 프로그램을 통해 지방의 지역종합개발을
지원할 예정이다.

Keyword 4 ▌ 전쟁의 아픔을 치유하는 중부지역 빈곤계층 지원(중부지
역 교육, 보건 인프라 지원)

베트남 중부지역은 베트남전쟁의 피해가 가장 컸던 지역으로 전쟁
이 종료된 현재까지도 불균형한 지역 발전으로 인해 빈곤계층이
밀집되어 있는 곳으로 평가받고 있다. KOICA는 3,500만 달러 규모
로 꽝남성 중앙종합병원을 건립한 것을 비롯해, 꽝찌성, 꽝남성, 빈
딩성, 꽝아이성 등 중부지역 다섯 개 성을 중심으로 성급 병원 다섯
개와 초등학교 스무 개 건립을 지원했다. 2014년에는 중앙대의료
원, 연세의료원, 부천대학교, 경원대학교 등과 함께 중부지역 초등
학교와 병원에 대한 지속적인 사후관리를 지원할 예정이다.

사례 5 ▌ 꽝남 중앙종합병원 **ODA** 랜드마크가 되다

꽝남 중앙종합병원은 양국 정상간 지원 합의 사업으로 우리나라

KOICA 지원한 꽝남성 중앙종합병원

무상원조 최대 규모(3,500만 달러)로 지원되어 보건부의 네 번째 국립병원으로 베트남 중부 일곱 개 성을 관할하며, 20헥타르 부지에 7층 본관병동, 두 개의 부속병동으로 500병상 약 1,500명의 환자 진료가 가능한 규모의 베트남 대표 국립병원이다.

사업 대상지인 꽝남성은 베트남 중부에 있으며, 베트남전쟁으로 인한 피해가 가장 큰 지역 중 하나이자, 급속한 경제개발에 소외된 지역으로 보건의료 환경의 개선이 절실한 지역이었다.

꽝남 중앙종합병원 건립사업은 그 규모뿐만 아니라 사업 추진단계에서도 국제사회가 권고하고 ODA 사업의 효과성을 제고할 수 있는 새로운 국제개발협력 기법을 많이 도입하여 사업의 완성도를

KOICA 꽝남성 중앙종합병원을 방문한
쯔엉 떤 상 주석

견고히 했다.

기획단계에서 KOICA는 최초로 사업 형성의 치밀함을 위하여 전문 리서치 기관(칼렙앤컴패니)를 통하여 기초설계조사(Basic Design Survey: BDS)를 실시(2006년 12월)하여 ① 병원규모, ② 기능, ③ 환자수요, ④ 진료과목, ⑤ 인력 및 조직, ⑥ 건축 및 기자재 계획 등 제반 여건을 면밀히 분석했다.[1]

사업 이행에서는 KOICA 최초로 국제규범 준수를 위한 원조 비구속화(untied)를 위하여 국제입찰을 시행했다. 병원 건립 이후 효율

---

[1] 이후 대규모 사업에 BDS 도입 방안 마련.

적 운영을 위하여 '정책자문 + 초청연수 + 전문가 파견'을 통해 단순한 병원 건립이 아닌 궁극적인 병원 의료 및 행정 인력의 역량강화를 도모하여 사업의 효과성을 제고했다.[2]

사업의 완성도는 사후관리 사업으로 더욱 빛을 발했다. 원 사업 완료 후에도 사업의 지속가능성을 확보하고자 국내 최초로 민관협력(Pubic Private Partnership: PPP)으로 중앙의과대학과 연계해 'Q-Health' 프로그램을 실시했다. 이는 국내의과대학의 자본과 의료/병원 운영기술 그리고 KOICA의 지역 및 개발 전문성이 조화되어 ① 선진 의료기술 역량강화, ② 효율적 병원 운영의 노하우 전수 ③ 미래 의료인력 양성 등을 통하여 상호 연계 시너지 효과로 사업의 성과를 담보했다.

그리고 베트남의 적극적인 참여와 지원을 유도했다. 병원 설립 착수 전부터 대상 지역 내 부족한 의료인력 수급을 위하여 여러 단계로 담보조항(협의의사록 4항, 실행계획)을 만들었다. 이에 베트남 정부는 타 성급병원을 모태병원으로 지정하여 중점 지원함으로써 개원과 동시에 600명의 의료인력을 대거 확보하게 했다.

또한 지역 내 환자 수요가 많은 진료과(산부인과, 정형외과)에 대한 집중 투자로 병원의 특성화에 성공함으로써 충분한 환자 수급이 이루어졌다.[3]

---

2) 이 모델은 향후 외교부의 개발경험교류사업인 DEEP 사업 추진의 모델이 되었다.
3) 사업 계획 당시 환자 수요(1,500명)에 부합하는 환자 진료(2012년 1,350명).

사업의 결과는 바로 드러났다. 먼저, 지속적인 의료인력 확보와 정확한 환자 수요 예측으로 병원운영이 조기 정상화되었다. ① 우수한 의료인력 확보, ② 선진 의료장비, ③ 효율적 병원 운영 등을 통하여 주변지역 700만 명의 베트남 사람들에게 양질의 의료보건 서비스를 제공하여 베트남 중부지역 보건의료 지표의 긍정 개선의 결과를 낳았다.

둘째, 이 사업에 적용된 최신 원조기법은 국내외 다른 개발협력 사업의 모범사례가 되었고, 정책화되어 포괄적인 확산과 도입의 기초가 되었다.

셋째, 국제사회가 보건분야의 새로운 공여국으로 한국을 주목했다. 2012년 미국 예일대학교 보건정책행정과 Sarah Pallas 교수는 꽝남 중앙병원 사업을 조사하여 베트남 보건 분야 ODA의 'changing donor landscape'사업으로 선정했다. 그 외에도 ODA 의료보건의 대표사업으로 많은 베트남 국내기관 및 타 공여기관의 방문과 인터뷰가 이어지고 있다.

현재 꽝남 중앙종합병원은 2013년 한-베 수교 20주년을 계기로 하여 양국 관계를 상징하는 랜드마크 사업으로 일컬어지고 있다.

Keyword 5 ▮ 지식정보 격차 해소(정보통신기술 지원, 전자정부 구현 및 IT 인력 양성)

21세기 지식정보화 사회에서 선진국과 개발도상국 간의 정보기술 격차는 국가 발전을 가로막는 큰 문제로 대두되고 있다. 이에 따라, KOICA는 베트남의 전자정부 구현 및 IT 인력 양성을 위해 다양한 사업을 실시해왔다. 먼저 ① 토지정보 종합관리시스템 개발 지원 사업, ② 경쟁관리청 통합정보 시스템 구축사업, ③ 정부 전자조달 파일럿 시스템 구축사업 등 통해 베트남의 전자정부 구축을 지원 했으며, ① 다낭 IT대학 건립사업 및 4년제 승격 지원사업, ② 박장 성 한-베 기술대학 설립사업 등을 통해 고급 IT 인력의 양성도 병행 해왔다.

Keyword 6 ▮ 과학기술을 통해 산업화를 완성하자(KIST 모델 도입)

베트남 정부는 2020년까지 산업화된 근대국가 도입을 국가목표로 설정했으며, 이러한 근대국가로의 발전을 위해 과학기술의 중요성 은 한층 더 강조되고 있다. KOICA는 1997년 '한-베 과학기술센터 건립사업'을 통해 베 측에 한국의 KIST 모델을 시범 적용했으며, 2 009년 한국의 개발경험 전수사업에서 베트남 맞춤형 KIST 모델 도 입을 제안했다. 이에 따라, 베트남 정부는 베트남의 KIST 설립 지원

을 공식 요청하여, 'V-KIST 설립사업(2014~2017/3,500만 달러)'을 추진
하게 되었으며 이 사업은 2013년 9월 박근혜 대통령 방베 시 정상
간 약속사업에 포함되기도 했다.

V-KIST 조감도

Keyword 7 | 지구촌 봉사 릴레이(World Friends Korea 해외봉사단 파견)

KOICA는 전쟁의 피해가 극심하고 빈곤율이 높은 베트남 중부지역
을 중심으로, 베트남 전역에 23년간 봉사단 534명을 파견해왔다.
현재는 일반 봉사단, 퇴직 인력을 활용한 시니어 봉사단, 특성화고
졸업생을 활용한 드림 봉사단을 포함 총 91명의 단원이 베트남 내

꽝찌성 전쟁부상자 복지센터 활동 중(맨 왼쪽 빈재만 단원)

에서 활동 중이다. 특히, 2014년부터 특성화고 졸업생의 국제 봉사 활동을 장려하고 국제사회 진출을 돕기 위한 드림 봉사단이 형성되어, 열일곱 명의 드림 봉사단이 제과제빵, 기계 등의 분야에서 활동할 예정으로, 주목을 받고 있다.

— 1991~2013년 KOICA 지원 실적 —

• 총괄: 총 2억 1,072만 달러 지원 / 최근 5년 평균 2,427만 달러

  - 1991~2004년간 누적금액 5,035만 달러

  - 2014년 2,812만 달러(계획)

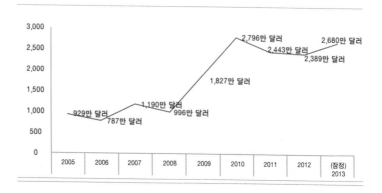

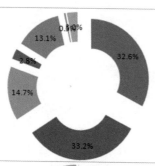

분야별 지원 실적
- 교육: 32.6%,
- 보건: 33.2%
- 공공행정: 14.7%
- 산업에너지: 13.1%
- 기타: 농림수산, 긴급구호 등

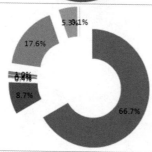

유형별 지원 실적
- 프로젝트 및 개발조사: 60건 1억 4,047만 달러
- 봉사단 파견: 1,349명 3,705만 달러
- 초청연수: 3,314명, 1,828만 달러
- NGO: 123건 1,116만 달러
- 전문가 파견: 55명, 201만 달러
- 기타: 물자지원, 긴급원조, 국제기구 등

지은이 **이용준**

1956년 충북 진천에서 출생하여 경기고등학교와 서울대학교 외교학
과를 졸업했다. 1979년부터 38년간 외교부에서 근무하면서 북미1과
장, 북미심의관, 북핵담당대사, 차관보, 주말레이시아 대사, 주이탈
리아 대사를 역임했다. 주프랑스 대사관에서 근무하는 중이던 1985
년 ≪동아일보≫ 신춘문예 희곡 부문에 당선되기도 했다.
저서로는 『북한핵: 새로운 게임의 법칙』(2004), 『게임의 종말: 북핵
협상 20년의 허상과 진실, 그리고 그 이후』(2010), 『북핵 30년의 허상
과 진실: 한반도 핵게임의 종말』(2018), 『대한민국의 위험한 선택』
(2019) 등이 있다.

베트남, 잊혀진 전쟁의 상흔

ⓒ 이용준, 2014

지은이 ‖ 이용준
펴낸이 ‖ 김종수
펴낸곳 ‖ 한울엠플러스(주)

초판 1쇄 발행 ‖ 2014년 9월 15일
초판 2쇄 발행 ‖ 2019년 3월 15일

주소 ‖ 10881 경기도 파주시 광인사길 153 한울시소빌딩 3층
전화 ‖ 031-955-0655
팩스 ‖ 031-955-0656
홈페이지 ‖ www.hanulmplus.kr
등록번호 ‖ 제406-2015-000143호

Printed in Korea.
ISBN 978-89-460-6613-7 03340